마을이 사라진다!

하움

마을이 사라진다!

1판 1쇄 발행 2025년 6월 13일

저자 안상유

편집 문서아   마케팅·지원 이창민

펴낸곳 (주)하움출판사   펴낸이 문현광

이메일 haum1000@naver.com   홈페이지 haum.kr
블로그 blog.naver.com/haum1000   인스타그램 @haum1007

ISBN 979-11-7374-093-0 (13350)

좋은 책을 만들겠습니다.
하움출판사는 독자 여러분의 의견에 항상 귀 기울이고 있습니다.
파본은 구입처에서 교환해 드립니다.

이 책은 저작권법에 따라 보호받는 저작물이므로 무단전재와 무단복제를 금지하며,
이 책 내용의 전부 또는 일부를 이용하려면 반드시 저작권자의 서면동의를 받아야 합니다.

책을 내면서

 필자가 1988년 10월 함안군 칠원면사무소에 첫발을 내딛고 공무원으로서 복무를 시작하면서 마을주민을 대상으로 대민업무를 많이 하였고, 1996년부터 필리핀 국립 대학교(University of the Philippines Diliman) 행정학 석사과정 유학 시절에 학기 연구 과제로 대학교 내 교직원들의 행정 서비스에 대한 학생들의 만족도를 조사해 본 적 있었는데, 내가 예상한 것보다 훨씬 더 높은 결과가 나온 것을 보고 깜짝 놀란 적이 있었다. 이 경험이 필자가 박사학위 논문 '농촌지역 마을만들기의 주민만족도 영향 요인에 관한 연구'를 쓰게 한 인연인지도 모른다.

 유학 중에 IMF 위기 사태(The Korean IMF Crisis)를 맞이하면서 부득이하게 석사학위만 취득하고 1998년 하반기에 복직하여 몇 개 부서로 순환 근무하다가 2012년에 기획감사실 균형발전 담당을 맡으면서 농림축산식품부 소관 일반농산어촌개발사업을 접하게 되었고, 이 사업의 목적이 사라져가는 농촌 마을에 활력을 불러일으키고자 하는 정책사업이라는 것을 알았다.

 이에 필자는 이 사업을 모(母)사업으로 하여 주민 주도형으로 마을사업을 시행하는 소위 '마을만들기'를 실행하기 시작하였다. 그때부터 2018년 말까지 마을만들기 실행을 통해 거둔 성과로는 먼저, 농식품부 주관 마을만들기 경진대회인 전국 행복마을 콘테스트에서 국무총리상을 2년 연속 수상하였고, 다음은 법수면 강주마을 해바라기 축제를 전국적인 주민주도형 마을축제로 성공시킴에 따라 지역발전위원회 지역희망포럼 연설에서 박 대통령께서 민관협력으로 만든 우수한 지역발전 사례로 극찬을 한 바 있었다.

그리고 함안군 내부적으로 거둔 주요 성과로는 농식품부 일반농산어촌개발 공모사업을 통한 국·도비 확보였다. 재정자립도 15%라는 열악한 환경에서 이렇게 확보한 농식품부 공모사업들은 마을안길 정비, 생태하천 만들기, 경로당, 마을회관 리모델링 등 모든 읍면의 많은 마을에서 오랜 주민 숙원사업들을 해결하는 해결사 역할을 하게 되었다.

마을만들기를 표방하는 중앙부처 마을사업은 국토교통부 도시재생사업 등 몇 가지 사업이 있지만, 이 책은 필자가 농식품부 마을사업을 전담하면서 마을만들기를 실행한 함안군 사례를 중심으로 소개할 것이다. 따라서 이 책이 마을만들기에 대한 일반적인 이론을 다룬다기보다는 2012년부터 2018년까지 필자가 직접 전담하여 실행한 마을만들기를 경험론적인 입장에서 집필하는 것임에 그 의미를 가지는 것이다.

요즈음 들어서 전국적으로 마을만들기가 다소간에 주춤해 있는 것이 현실이다. 하지만 지역소멸의 위기에 놓여있는 시군에서는 더 많은 사람들을 찾아오게 하고, 살고 싶고 머물고 싶은 지역을 만들고자 하는 마을만들기 운동이 현시점에서 인구 감소를 줄일 수 있는 가장 효율적이고 현실적인 실천 방안이라고 생각된다.

이에 함안군 마을만들기의 걸어온 과정을 되돌아 보고, 현재 우리 앞에 놓여있는 논제를 살펴보면서 앞으로 어떤 과제들을 풀어나가야 하는지를 제시해 본다. 그리하여 지금까지도 마을만들기를 꾸준하게 추진해 오고 있는 전국의 마을 리더분들과 지역 주민들 그리고 시군에서 마을만들기에 관심이 있거나 지역소멸이라는 난제에 대하여 걱정하는 후배 공무원들이 있다면 조금이나마 도움이 되기를 바라는 마음에서 함안군 산업건설국장을 마지막으로 37년간의 공직 생활을 마무리하면서 퇴임에 즈음하여 이 책을 펴낸다.

그동안 마을만들기를 실행해 오면서 적극 협조해 주신 우리 직원님들과 한국농어촌공사 관계자분들, 함안군 발전협의회 위원님들과 마을리더연합회 회원님들, 그리고 언제나 함께 노력해 주신 협력업체 직원님들께 진심으로 감사드리며, 이 책을 출간할 수 있도록 도와주시고 언제나 우리 가족을 굳건히 지켜주시는 아내와 자랑스러운 두 아들에게 사랑하는 마음을 가득 담아 함께 나누고자 한다.

2025년 6월 공직을 퇴임하면서

선등(善燈) 안상유

차 례

⋮⋮⋮ 책을 내면서 　　　　　　　　　　　　　　　　3

제1장
마을만들기 알아보기

Ⅰ 마을만들기란 무엇인가?　　　　　　　　　　10

　1. 마을만들기와 마을사업은 무엇이 다른가?　　10
　2. 국내외 마을만들기 사례를 알아보자　　　　　12
　3. 마을경제란 무엇인가?　　　　　　　　　　　16
　4. 지역소멸 위기 속에 마을에서 사람들이 떠나가고 있다　17

Ⅱ 마을만들기 참여자와 영향요인 알아보기　　20

　1. 마을만들기 참여자　　　　　　　　　　　　20
　2. 마을만들기 영향요인은 무엇이 있나?　　　　28

제2장
함안군 마을만들기 탄생과 사례

I 함안군 마을만들기의 탄생   40

   1. 농촌 활성화를 위한 정부 노력과 함안군의 발맞춤   40
   2. 농식품부 정책사업 속에서 마을만들기의 탄생   42
   3. 함안군 마을만들기 추진 체제를 만들다   45
   4. 마을만들기 비전과 목표를 세우다   49
   5. 마을만들기 마중물 사업을 실행하다   51

II 함안군 마을만들기 실행사례 알아보기   81

   1. 마을만들기 이오(2-5) 프로젝트를 실행하다   82
   2. 마을공동체 아카데미를 실행하다   86
   3. 함안군 마을리더연합회를 결성하다   93
   4. 농촌 마을 투어 '트임'을 실행하다   96
   5. 법수산권역 강주해바라기 축제를 시작하다   107
   6. 함안군 발전협의회 설립하고 자문회의를 개최하다   115
   7. 함안군 발전협의회 워크숍으로 소통하다   132
   8. 지역공동체 활성화 지원센터를 설립하다   158

III 함안군 마을만들기 실적과 성과 살펴보기   165

   1. 주민들의 정주생활환경을 대폭 개선하였다   165
   2. 군민들이 함안군 마을만들기를 평가하다   178
   3. 외부에서 들여다본 함안군 마을만들기   188
   4. 마을만들기로 거둔 성과와 아쉬운 점들   196

제3장
좋은 마을만들기를 위해 남은 숙제들

Ⅰ 살기 좋은 마을을 어떻게 만들 것인가?   **204**

    1. 주민과 공무원 등의 자세가 중요하다   204
    2. 법규와 조직을 잘 만들어야 한다   208
    3. 중간지원 조직이 해야 할 일들은 무엇인가?   214
    4. 마을만들기는 지속되어야 한다   224

Ⅱ 마을만들기와 최근 정부의 움직임   **227**

    1. 마을만들기에 대한 정부의 움직임   227
    2. 마을이 사라짐을 넘어서…   229

    ※ 참고문헌   232

제1장

마을만들기 알아보기

마을만들기란 무엇인가?

🏠 1. 마을만들기와 마을사업은 무엇이 다른가?

　마을만들기에 대한 정의는 학자들에 따라 약간의 차이는 있지만 성공적인 마을만들기를 위하여 대체로 다음 사항들이 자주 등장하고 강조되는 내용이라고 할 수 있다. 첫째, 마을 주민들이 마을발전을 위하여 주도적으로 각종 마을사업을 추진한다. 둘째 자기 마을의 역사적 자원, 자연환경적 자원, 문화적 가치, 지역적 특성 등을 통한 각종 어메니티(amenity)를 강조한다. 그리고, 주민협의체를 기반으로 한 지역주민들이 지역자원 등 각종 어메니티(amenity)를 활용하여 소득창출을 위한 활동을 하는 것은 마을만들기의 지속적 발전성 확보를 위한 중요한 요소로 본다.

　지역주민들의 마을만들기 지원을 위하여 필자는 근거 법규로 2014년 11월 26일 「함안군 마을만들기 지원 등에 관한 조례」를 제정[1]하였고, 제2조(정의) 제4호에 "마을만들기란 지역주민 역량강화를 통하여 마을공동체를

----

1) 필자가 함안군 기획감사실에 근무 중인 2014년 말에 제정한 함안군 마을만들기 실행의 근거 법규였으나 2021년 11월 조례를 「함안군 일반농산어촌개발사업 추진 및 중간지원 조직 지원·운영 조례」로 통폐합 통폐합되면서 사실상 대부분의 주요 내용은 폐지되었음.

활성화시키고, 지역의 특색과 인적·물적 자원을 활용하여 마을을 발전시키는 활동을 통하여 지역주민의 삶의 질을 향상시키는 것을 말한다."라고 규정하였다.

그리하여 이 책에서 '마을만들기'란 주민협의체를 기반으로 한 마을 주민이 마을사업에 주도적으로 참여하여 마을자원 등 지역 어메니티(amenity)를 활용한 소득창출 등을 통한 마을 발전을 추구함으로써 지역주민 삶의 질을 향상시키고자 하는 일련의 동태적 과정으로 의미하고자 한다.

그리고 마을만들기를 실행하는 '마을사업'이란 소프트웨어 주민역량강화사업을 바탕으로 사업추진 역량을 함양하고자 하는 마을주민이 참여하여 주민주도형으로 시행하는 각종 지역사회 발전사업을 총칭하여 마을사업이라고 할 것이다. 예를 들어 농림축산식품부 '일반농산어촌개발사업'과 국토교통부 '도시재생사업', 지역발전위원회 '새뜰마을사업' 등은 공통적으로 마을주민 역량강화를 통하여 마을공동체를 활성화시키고, 지역의 특색과 인적·물적 자원을 활용하여 주민주도적으로 지역사회를 발전시킴으로써 궁극적으로는 지역주민 삶의 질을 향상시키고자 하는 사업들이다. 이와 같이 소프트웨어 역량강화사업을 기반으로 하고 하드웨어 시설사업을 시행하는 모든 지역사회 발전사업을 마을사업이라고 명명할 것이다. 현시대에 중앙 부처들이 제각각 시행하는 많은 종류의 지역사회 발전사업들이 마을사업과 비슷한 유형을 가진 사업들이 많이 있다.

그리고 농림축산식품부 일반농산어촌개발사업의 세부 사업 명칭으로써 5억 원 규모의 '마을단위 마을만들기사업'과 10억 원 규모의 '마을종합 마을만들기사업'과는 구분하여 사용해야 한다. 농림축산식품부가 각종 마을사업을 2014년부터 '창조적 마을만들기사업'이라고 명명하면서 전국적으로 사용해 오던 '마을만들기'의 개념과 많은 분이 혼동하기도 한다.

🏠 2. 국내외 마을만들기 사례를 알아보자

앞서 언급한 마을만들기 정의에서 규정한 조건들을 모두 충족하는 경우는 아니지만 국내외를 막론하고 주민이 주체가 되어 여러 가지 형태의 마을만들기가 실행되어 왔다. 1980년대 미국의 뉴어바니즘(new urbanism)[2] 운동은 걷기 좋은 마을을 만들어 친환경인 도시를 조성하는 운동으로 도시 개발 계획과 토지 이용 전략의 여러 측면에 영향을 미쳤는데 도시의 무분별한 확장 등과 관련된 도시화 병폐를 해결하려고 했다. 1990년대 초 영국의 어반빌리지(urban village)운동은 공동체가 약화되고 있는 도시 마을을 전통적인 농촌 마을의 사회적 물리적 형태를 접목하여 공동체를 활성화하고자 했다. 그리고 그 일본 학자 다무라 아끼라(田村明)[3]의 마을만들기(마치즈쿠리:まちづくり) 운동은 도시의 상가나 주택가와 마을 촌락 등 다양한 마을을 활력 있고 개성적인 지역사회로 만들고자 했다.

우리나라의 대표적인 마을만들기는 새마을운동이 있다. 박정희 대통령이 1970년 4월 22일[4] 부산에서 열린 전국 지방 장관회의에서 '새마을가꾸기운동'을 거론하였고, 그해 11월 11일[5] '농어업인 소득증대 특별 사업(농특 사업) 경진대회'에서 농어촌지도자들의 창의적인 노력을 강조하면서 새마

----

2) 걷기 좋은 마을을 만들어 친환경인 도시를 만드는 운동으로 도시 개발 계획과 토지 이용 전략의 여러 측면에 영향을 미쳤는데 도시의 무분별한 확장 등과 관련된 도시화 병폐를 해결하려고 했다.
3) 그는 도시계획가로서 요코하마시의 요청으로 1968~1981년까지 시청 부장, 국장으로 근무하였고 '문화행정과 마을만들기'와 '마을만들기의 발상(번역; 강혜정, 2005)'이라는 책을 출간하는 등 일본 오코하마시를 무대로 마을만들기 운동을 직접 실행하였던 학자였다.
4) 4월 22일은 새마을의 날이다.
5) 11월 11일은 현재 농업인의 날이다.

을운동이 본격적으로 전개되었다.

　1972년 4월 26일 박정희 대통령이 직접 작성한 '새마을운동 기획 초고'에 따르면 새마을운동이란 잘사는 운동이며, 소득 증대와 여유 있고 품위 있는 문화생활과 아름답고 살기 좋은 마을을 표방하고 실천 방법으로 나와 우리 가족 나아가 마을 전체가 부지런한 자조 정신과 협동 정신을 가져야 함을 강조하였다. 그리고, 새마을운동은 근면, 자조, 협동을 3대 정신으로 하였으며, 기존 흙길을 확장하거나 배급된 시멘트로 포장하는 등 마을 안길 확·포장 사업을 주로 하였고, 마을 주변을 가로질러 흐르는 소위 '또랑'[6]이라고 불리는 소하천을 개선하는 사업들도 많이 하였는데, 이 사업들은 마을 주민들이 참여하여 손을 사용하는 삽이나 괭이 등 재래식 농기구를 이용하여 땅을 떼어내는 것에서 출발했기 때문에 주민들은 소위 '땅띠기'[7] 사업으로도 불리었다. 그 외에 동 회관, 마을상수도, 유실수 공동 조림, 전기공급 및 전화 보급 사업 등도 추진되었다. 그리고 지금의 역량강화 사업과 마찬가지인 새마을지도자 양성 교육 등 각종 정신적인 교육들도 함께 시행하였다. 새마을운동사업의 대부분이 취로사업(就勞事業)[8]으로 추진되었으며 이렇게 시작된 새마을 운동은 도시지역 미화 사업, 공장 새마을 운동 등 전국적으로 확산되었다.

　이처럼 '새마을운동 기획 초고'에서 언급한 것과 같이 새마을운동은 기초생활 인프라 구축, 아름다운 마을 경관 꾸미기, 소득 증대 그리고 여유 있고 품위 있는 문화생활과 근면, 자조, 협동을 위한 주민들의 자세에 기초해야 하고 성공을 위한 마을지도자의 역량을 강조하였으며, 추진 사업의

----

6) '도랑'의 경상도 사투리로서 마을 안에 흐르는 소하천을 이른다.
7) 삽이나 괭이로 흙 땅을 떼어 낸다는 의미로 '땅떼기'를 경상도 방언으로 '땅띠기'라고 불린 듯하다.
8) 1970년대 당시 영세 근로자의 생계를 돕기 위하여 정부에서 실시하는 여러 가지 공공 사업을 취로사업이라 불렀다.

결정 등 주민들의 주도적인 사업 추진에 대하여 행정기관은 지원하는 역할 정도만 해야 한다고 함으로써 우리나라 주민주도형 마을만들기의 근대사라고 할 수 있다. 이러한 새마을운동은 근래에 와서는 전 세계로 파급되어 많은 나라에서 새마을운동을 학습하기 위하여 우리나라를 방문하고 있다.

1980년대와 1990년대 면 단위 정주권 개발사업, 소도읍 육성사업 등의 지역사업은 주민들이 주체가 되었다기보다는 정부가 주체가 되어 시행한 지역개발사업들로서 시설 개선 등 물리적 개발 위주의 하향식(top down)사업이었기 때문에 주민주도의 마을사업과는 다소간에 거리가 있다고 할 수 있지만 근래의 읍면 시가지를 중심으로 개발하는 읍면소재지 종합정비 사업, 명칭이 변경된 농촌중심지활성화사업, 기초생활거점육성사업 등과 유사한 사업들이었다.

2000년대에 들어서면서 지방자치 의식의 성장과 함께 주민 참여와 거버넌스형 파트너십을 강조하는 상향식(bottom up) 지역개발 정책들이 정부 주도로 시도되면서 지역사회개발에 대한 이념과 목적에 대한 새로운 관심이 일어나기 시작했다. 이러한 수요에 대응하기 위해 2003년도에 사업추진 근거법령인 특별법 제정이 추진되어 2004년 『농림어업인 삶의 질 향상 및 농산어촌 지역개발 촉진에 관한 특별법』이 공포되어 2005년부터 시행한 사업이 농림축산식품부 소관 '농촌마을 종합개발사업'이었고, 2011년부터 '일반농산어촌개발사업'이라고 명칭이 변경되었다. 이 사업은 각종 주민역량강화 교육을 통하여 축적된 지역주민들의 역량을 바탕으로 하여 농촌, 산촌, 어촌인 자기 마을을 주민들이 주도하여 발전시켜 나갔는데, 이러한 지역사회개발 방식이 마을만들기에 해당한다고 볼 수 있다.

[표 1-1] 일반농산어촌개발사업 유형[9]

사업명	기능별 분류	주요사업예시
▶ 읍면소재지 종합정비사업(60~100억) ▶ 마을권역단위 종합정비사업(40~50억)	기초생활기반	도로, 상하수도, 주거생활기반정비 등
	소득 증대	농특산물 유통가공시설, 체험시설 등
	경관 개선	지붕, 담장정비, 보호수, 경관수목 등
	역량 강화	주민교육훈련, 홍보, 마케팅 역량강화 등
▶ 시군 자율 사업	마을경관, 소득, 마을문화, 기타 아이디어 사업 등	- 사업당 2억~20억까지 시군이 마을의 경관, 소득,문화 등을 테마로 마을사업을 추진토록 했으나, - 2014년에 마을단위 5억과 마을종합 10억 원의 사업으로 전환됨
▶ 시군 지역역량강화사업 (0.5~2억)		시군 추진 마중물 사업 등 사전준비예산
▶ 신규(전원)마을조성사업 (3~36억)		도시민 농촌 유입 주택(지)개발 지원 사업

    농림축산식품부보다 비교적 늦은 2013년에 제정된 『도시재생 활성화 및 지원에 관한 특별법』에 따른 국토교통부 소관 도시재생사업도 주민주도형 마을만들기에 해당하는 상향식(bottom up) 국비 지원 사업이다.

    그 외 또 다른 중앙부처에서 앞다투어 시행한 마을사업으로서 환경부 소관 자연생태마을, 농촌진흥청 농촌건강 장수마을 등이 있었고, 마을공동체 활성화 담당 부처인 안전행정부[10]는 정보화마을, 평화생태마을, 희망마을, 녹색마을 등을 시행하였고, 문화체육관광부는 문화마을, 문전성시 프로젝트, 관광두레 사업 등 각종 마을사업을 다양하게 추진하였지만 앞서 언급

---

9) 일반농산어촌개발사업 2012~2014년을 기준으로 표준화하여 작성하였으며 연도별로 사업비와 사업명칭이 일부 변경되었으나 기능별 분류에 따른 주요 사업 예시 등은 변함없음.

10) 2010년대 중반에 명칭은 행정자치부이었으며 마을공동체 활성화를 위한 지역공동체과가 있어 마을공동체 활성화에 대한 전반적인 지원과 관리를 하였다.

한 마을만들기 정의 3요소를 모두 포함하는 사업은 아니었다. 단지 주민역량을 바탕으로 지역주민이 주도적으로 추진하는 상향식(bottom up)형태를 우선시하는 마을사업이라는 점에서 그 의미가 있다고 할 수 있다.

🏠 3. 마을경제란 무엇인가?

자본주의 사회에서 자본은 성장동력이다. 주민주도형 마을발전을 위한 마을사업에서도 지속가능성을 확보하려면 무엇보다도 자본이 수반되어야 할 것이다. 즉, 주민소득 창출이 마을만들기 지속성 확보의 중요한 담보가 된다고 할 수 있다.

우리나라는 자유시장경제(自由市場經濟) 체제를 표방한다. 사유재산권 인정, 경제활동의 자유, 사적이익의 추구 등 시장경제 체제의 주요 원칙을 바탕으로 애덤 스미스가 말한 것처럼 보이지 않는 손에 의해 가격이 결정되고 자원이 효율적으로 배분되는 체제이다.

그러나 마을 안에서 경제활동의 현실적인 형태로는 마을만들기 주민 소득창출 활동으로 마을만들기를 위해 구성한 주민협의체가 주도하여 설립 운영하는 마을기업, 사회적기업, 마을협동조합, 그리고 농특산품 공동 가공 및 판매 등 공동경영을 위한 마을 영농법인 등이 있다. 주민협의체가 주도적으로 설립하고 주민협의체의 공동 이익을 위해 운영하는 점 등을 들어 마을만들기 체제의 경제활동은 완전한 자유시장경제라기 보다는 사회적 경제 분야에 조금 더 가깝다고 볼 수 있다.

따라서 이 글에서 '마을경제'란 자유 시장경제 체제를 기반으로 하여 사람 중심의 공동체적 가치를 우위에 두고 마을주민 협의체가 주체가 되어 주민협의체의 공동 이익과 마을주민 소득창출을 위해 행하는 일련의 경제

활동을 의미하고자 한다.[11]

🏠 4. 지역소멸 위기 속에 마을에서 사람들이 떠나가고 있다

인구 정점을 지나기 전부터 인구 감소를 예측하였고, 이에 따라 지방 인구가 급속히 유출되지 않도록 하거나 우리 지역으로 유입하기 위한 지역소멸위기 대응책으로 각 지자체가 경쟁하듯이 앞다투어 많은 예산을 지원하는 정책을 펼치고 있다.

이러한 정책 효과의 불확실성에 대한 의구심에도 불구하고 인구의 자연적 증가와 사회적 유입을 위한 단기성 정책들을 펼치고 있는 현재 시점에서 더욱 효과적인 정책 중의 하나로 마을사업을 통하여 살고 싶고 머물고 싶은 마을을 만들어서 지역에 거주하는 주민 삶의 질을 향상하고, 외부 인구도 유입할 수 있는 마을만들기 운동을 주목해 보고자 한다.

그러면 주민주도형으로 시행하는 마을사업과 주민 소득창출의 마을경제로 대변되는 마을만들기는 지역소멸과 어떤 관계가 있는 것인지 살펴보겠다. 지역소멸이란 인구가 감소하여 당해 인구로 지역생활을 불가능하게 만들어 지역이 사라지는 것을 의미하는데 '지역소멸'이 일본의 마스다 히로야(增田 寬也)의 2016년 보고서에서 언급되면서 우리나라에서도 본격적으로 논의 되기 시작하였다. 대한민국은 2021년에 총인구수 5,175만 명으로 정점을 찍으면서 지금까지 내리막길을 걸어오고 있으며 함안군도 역시 과거에 인구 6만이 넘어 경상남도 군부 1위를 자랑하였으나 2024년 12월

---

11) 필자가 2020~2021년 혁신전략담당관으로 복무할 때 제작한 "2030함안군 장기종합발전계획"의 부문별 발전계획인 미래산업, 지역개발 등 10개 분야 중 한 분야로 '마을경제'를 제시한 바 있다.

58,842명으로 거창군에 밀리면서 지속적으로 인구가 줄어들고 있어 지역소멸이 발등의 불처럼 현실로 다가오고 있는 중요한 과제가 되고 있다.

지역소멸의 원인은 학자들에 따라 다양하게 제시하고 있으나 지역 인구의 감소 원인은 출생과 사망이라는 자연적 증감과 인구 이동이라는 사회적 증감으로 나눌 수 있다. 저출산, 고령화 등의 자연적 요인의 문제는 국가 전체의 인구 증감 문제에 해당되는 반면에, 사회적 요인으로써 인구 이동으로 인한 인구감소는 해당 지역소멸로 이어지면서 마을이 사라지는 중요한 원인이 된다. 이는 통계청 농림어업총조사[12]에 따르면 1970년에 전국의 마을 수는 약 51,000개였으나, 2020년에는 37,563개로 산술적으로 계산해 보면 연간 약 268개의 마을이 사라지고 있다는 것을 알 수 있다.

이렇게 마을의 생멸을 좌우하는 인구 이동의 주요 원인으로 이희연(2008)은 「인구이동 확장모형 개발 및 실증분석」이라는 국토연구원 보고서에서 현재 거주하는 지역의 정주환경이 나쁘거나 아니면 이전하는 지역의 정주환경 여건이 더 좋거나 하는 지역주민 삶의 질 향상에 대한 가능성을 주요 사유로 들고 있다. 또한 지역에서 인구를 밀어내는 압출 요인으로 높은 실업, 나쁜 주거환경, 다양한 갈등(葛藤), 불안전한 환경 등을 제시하였고, 인구를 끌어들이는 흡인요인으로는 높은 임금, 양호한 주거환경, 안정된 생활, 쾌적한 환경 등 지역 어메니티(amenity) 등을 제시하고 있다.

이와 같이 인구 유입 요인으로 일자리라는 경제적 요인과 양호한 주거와 쾌적한 정주생활환경 요인은 마을만들기를 실행하는 주민자치형 마을사업의 시행을 통하여 마을의 기초생활 기반 시설을 정비 및 확충하고, 주민소득창출 사업으로 마을경제를 활성화시킴에 따라 지역 내 일자리를 만들고, 각종 역량강화사업을 실시하여 주민 간의 소통증진과 자치 역량을 향상시켜 주민 갈등(葛藤) 요인을 감소시킴으로써 보다 안정된 생활환경을 조성함

---

12) 자료 KOSIS 국가통계포털자료 https://kosis.kr/

으로써 인구유출의 방지 또는 인구유입의 동기를 부여한다는 것이다.

　따라서, 마을만들기를 실행하는 마을사업의 하드웨어(hardware) 기반 시설분야 세부 사업을 통하여 정주생활환경 등을 개선하고, 소프트웨어(software) 주민역량강화사업으로 갈등(葛藤) 관리 등 마을공동체를 회복하며, 주민 소득창출 등 마을경제 활성화를 통하여 일자리를 창출하는 등 인구 흡인 요인을 강화하고 압출 요인을 감소시킴으로써 지역소멸 위기에서 사라져가는 마을을 살릴 수 있는 대응책으로서 마을만들기가 매우 중요한 자리를 차지하고 있다는 것에 주목해야 할 것이다. 이러한 관점에서 지역소멸의 위기 대응책으로써 마을만들기에 대한 학술적인 내용 등을 살펴보고 필자가 2012년부터 시작한 함안군 마을만들기 실행사례를 전반적으로 소개하고 각종 논제와 해결해야 할 과제들을 경험론적으로 제시해 보고자 한다.

마을만들기 참여자와 영향요인 알아보기

1. 마을만들기 참여자

1 주민과 주민협의체

　마을만들기의 가장 중요한 참여 주체는 지역주민이다. 해당 지역에 일정한 자산이나 직장 또는 사업장이 있으면 족하다고 할 것이다. 예시로 앞에서 언급한 함안군 조례 제2조(정의) 제2호에 "주민이란 함안군에 주소를 두거나, 토지 및 건축물의 소유자 또는 그 사용수익권을 가진 자를 말한다."라고 규정한 바 있다. 이와 같이 마을만들기 추진 주체로서의 지역 주민은 주민등록법상 해당 지역에 주민등록이 반드시 등록되어 있어야 하는 것은 아니다.

　마을만들기 지역 주민은 마을만들기 계획의 입안, 사업의 시행 및 결과 분석 등 모든 과정에 참여하여 매우 중요한 의사결정을 하는 마을만들기 주체로서 역할을 한다.

　이러한 지역주민들이 마을주민 협의체를 만들어 마을만들기에 주인으로서 참여하게 된다. 단순한 주민단체가 주체가 되기도 하고 이를 넘어서 영농법인, 마을법인, 사회적법인, 협동조합 등을 설립하여 운영하기도 한다.

물론 법인의 형태가 영리 법인이든 비영리 법인이든지 관계는 없지만 사익을 추구하지 않고 마을공동체의 이익을 목적으로 하는 마을경제의 운영 형태로는 비영리 법인이 더 적합하다고 판단 된다.[13]

함안군의 경우[14] 2019년 말까지 일반농산어촌개발사업장 45개 지구에 각각 주민협의체로 구성된 추진위원회가 있었으며, 마을안길, 소하천, 마을회관 리모델링 등 각종 시설사업이 완공된 완료 지구는 운영위원회로 개칭하여 대부분 운영하고 있다.

2 행정기관과 유관기관

마을만들기에 없어서는 안 되는 또 하나의 중요한 참여자로서 행정기관이 있다. 주민주도형 마을 자치를 추구하는 주민자치회[15] 등과 같은 주민협의체를 주관하는 행정안전부가 있으며, 도시재생사업[16]을 담당하는 국토교통부가 있다. 그리고 시군의 읍면 지역인 농산어촌지역의 마을사업은 농림축산식품부가 담당하고 있고 그 산하 수행 기관으로 한국농어촌공사가 있다.

행정안전부의 전신인 행정자치부의 지역공동체과가 설립되면서 마을공동체 활성화를 위하여 각 부처별로 운영하고 있었던 각종 마을사업, 마을사업의 중간지원 조직, 그리고 마을사업의 지속성 확보를 위한 법인 설립

---

13) 행정에서 민간으로 위탁하는 많은 민간위탁사무들은 비영리 법인이나 단체를 위탁조건으로 하거나, 또는 조건이 없더라도 비영리 법인이 수탁에 유리한 경우가 많다. 즉, 행정이 영리를 목적으로 하지 아니하는 이치와 같다고 보면 된다.

14) 이 책에서 사례로 소개되는 각종 자료들은 필자가 추진한 마을만들기 사례의 주요 내용들로서 대외적으로 모두 공개된 자료들을 활용하였고, 보존 연한이 이미 지난 자료들임.

15) 당초 『지방자치법』에 의해 설치된 주민자치센터의 운영에 따른 주민자치위원회가 있었으나, 2023년 『지방자치분권 및 지역균형발전에 관한 특별법』이 제정되어 제40조에 주민자치회를 설치하도록 하였고 수행사무도 명문화 하면서 지역주민들의 참여 범위가 늘어나게 되었다.

16) 문재인 정부가 들어오면서 도시재생뉴딜 사업으로 부르면서 전국적으로 확대 시행하였다.

운영 등에 대한 사안에 관심을 두었으나 마을만들기 활성화에 대한 별다른 성과 없이 역사 속으로 사라졌다. 현재는 행정안전부에서 『지방자치분권 및 지역균형발전에 관한 특별법』 제40조에 의거 설립된 주민자치회의 주민주도형 역량강화사업 및 각종 마을사업을 지원하고 있다.

국토교통부는 시(市) 지역을 대상으로 도시활력증진 사업을 추진하였는데 이 사업이 주민주도형으로 추진할 수 있도록 주민역량을 강화하는 사업과 함께 도시의 물리적 재생을 위한 하드웨어(hardware) 사업을 시행한 대표적인 도시지역 마을만들기 운동이었다. 2013년에 『도시재생 활성화 및 지원에 관한 특별법』이 제정된 이후 도시재생사업이 더욱더 활기를 띄기 시작하였고 문재인 정부가 들어서면서 대규모 국책 사업으로 확대시켜 도시재생 뉴딜 사업으로 명명하면서 대규모 예산을 투입하여 활발하게 추진되었다.

그 후 도시재생뉴딜 사업의 여러 가지 문제점 등이 대두되었고, 특히 주민역량강화사업분야는 많은 실효성의 문제점 등으로 대대적인 감사를 실시한 지방정부도 있었다. 현재 도시재생사업의 예산이 대폭 줄어들었지만 여러 가지 모형으로 주민주도형 마을만들기의 한 행태로 도시재생사업들이 진행되고 있다.

농림축산식품부는 2004년 『농림어업인 삶의 질 향상 및 농산어촌 지역개발 촉진에 관한 특별법』이 제정을 계기로 2005년부터 시행한 농촌마을 종합개발사업으로 각종 주민역량강화 교육을 통한 주민주도형 마을사업을 시행해 왔으며, 본고에서 논의하는 마을만들기의 주체로서 중앙정부는 주로 농림축산식품부를 의미한다고 보면 된다. 현재는 농림축산식품부 농촌정책국 농촌재생 지원팀을 신설하여 주체적으로 담당하고 있으며, 추진사업의 성과분석과 사업장 관리, 시군에 필요한 예산지원 등을 하고 있다.

그리고 농림축산식품부의 농촌 마을사업을 추진하는 것을 보좌하는 유관기관으로 한국농어촌공사가 있다. 한국농어촌공사는 농식품부 일반농산어촌개발사업의 기본계획 수립과 사업시행에 중추적인 역할을 하고 있다. 즉, 시군에서 공모하여 확보한 국책 사업을 시군으로부터 수탁하고 위탁기관인 시군의 의견을 청취하여 주민들과 함께 일반농산어촌개발사업을 시행 또는 시공하는 유관기관이다. 주민주도형 마을사업을 진행할 때 주민들과 가장 가까이 있는 기관이라고 보면 된다.

함안군의 경우 부군수 직속기구 '미래전략기획단'을 설치하여 농림축산식품부 일반농산어촌개발사업을 모사업(母事業)으로 하여 세부 사업인 소프트웨어(software)분야 주민역량강화사업을 기반으로 한국농어촌공사와 협력하여 함안군 마을만들기를 독자적으로 추진해 왔었다.

❸ 마을만들기 중간지원 조직

사회가 다원화되면서 발생하는 여러 가지 문제들을 해결하기 위하여 정부영역과 민간영역의 중간에 위치하여 상호 간의 목표를 조정하기도 하고, 갈등의 중간에 관여하여 합의점을 도출하는 등 매개자로서 역할을 이행하는 민간공익단체, 비영리민간단체, 활성화지원센터 등 중간지원 조직의 필요성이 갈수록 증가하고 있다.

마을만들기 분야에서도 행정과 주민들 사이에 매개자와 조정자로서 중간지원 조직이 강조되고 있다. 특히 농림축산식품부의 '농촌협약 국책 사업'을 추진하기 위해서는 중간지원 조직을 필수 요건으로 하고 있다. 이러한 중간지원 조직은 대부분의 지자체가 조례를 제정하여 설립하고 있으며 비법인체인 경우도 있겠지만, 비영리 법인체로서 사단법인, 재단법인 등의 형태로 운영하기도 한다. 설립 운영 방식은 관(官)이 설립하고 민(民)이 운영하는 방식, 민이 설립하고 민이 운영하는 방식, 민관 합작으로 설립하고 민

이 운영하는 방식, 민관 합작으로 설립하고 민관 합작으로 운영하는 방식 등 크게 네 가지 유형으로 나눌 수 있다.

주요 기능을 살펴보면 민관의 중간 매개체로서 주민과 행정이나 주민들 상호 간의 대변 및 갈등(葛藤) 조정, 주민 네트워크 구성 및 운영, 주민역량 강화 프로그램 운영, 각종 마을사업의 발굴 및 접목, 마을사업 추진 결과 및 마을만들기 성과 분석 등 마을만들기의 지속가능성을 확보할 수 있도록 하는 중요한 기구라고 할 수 있다.[17]

함안군의 경우 2012년부터 중앙공모사업을 다수 확보하면서 그 사업비를 기반으로 함안군 마을만들기를 활기차게 진행할 즈음에는 여러 가지 사정으로 중간지원 조직을 설립하지 못하였고[18], 2020년대 들어서 농림축산식품부가 농촌 발전사업을 추진하기 위하여 지자체와 맺는 농촌협약 사업들의 선정 조건으로 중간지원 조직을 내세운 만큼 대부분의 시군에서 설치하기 시작하였다.

함안군의 경우에는 필자가 2020년 1월 혁신성장담당관으로 복귀하면서 설립을 준비하여 그해 7월에 관련 조례를 제정하고 창립총회를 거쳐 '사단법인 지역공동체 활성화 지원센터'를 설립하여 현재까지 운영 중이며 농식품부 농촌협약관련 국책 사업들의 시행지구는 물론 진행 중이거나 완료된 각종 마을사업장에 주민역량강화사업 등을 맡아 시행하고 있다. 사단법인 지역공동체 활성화 지원센터 설립과 운영 등에 관해서는 마을만들기 실행 부분에서 별도로 소개한다.

....

17) 우리나라 시군 공무원의 순환보직제로 인한 잦은 인사이동으로 한 분야에 전문가로서 양성되기는 어려운 것이 현실인 점을 감안하면 중간지원 조직의 기능은 더욱더 강조되는 영역이 될 것이다.

18) 필자가 마을만들기 중간지원 조직의 설립을 수 차례 건의하였으나 근무 인력과 예산의 문제 등을 사유로 거부되었다가, 2020년 들어서 농식품부가 제시한 국도비 지원 조건부를 지자체장은 수용할 수 밖에 없었기에 늦게나마 설립하게 되었다. 이것이 함안군 마을만들기의 발전적 진행이 단절된 이유 중에 비중 있는 한가지로 보인다.

4 마을만들기 전문가협의체

　마을만들기에 있어서 주민, 행정, 중간지원 조직 외에 또 한 가지 중요한 요소가 바로 전문가들의 참여이다. 농림축산식품부 일반농산어촌개발사업 추진 매뉴얼[19]에 읍면 발전협의회를 두도록 하고 있으며, 그 목적에 "지역주민이 지역발전을 주도하는 상향식 추진방식의 읍(동)면 소재지 종합정비사업을 추진하기 위하여 지방자치단체 주관으로 지역주민과 지역내 전문가, 지역사회단체 등으로 구성된 읍(동)면 발전협의회를 구성 운영"이라고 하고 있다.

　마을만들기에서 참여하는 전문가들의 주요역할은 주민주도형으로 마을사업이 진행되는 만큼 발생하기 쉬운 주민 간의 갈등(葛藤)의 문제 관리, 해당 지역 마을사업과 적합한 주민역량강화 프로그램의 선정, 마을사업의 달성 목표의 바람직한 설정과 세부 사업들의 추진전략의 수립, 그리고 세부 사업들 간의 상호 연관성 확보, 마을과 주변 환경과의 긍정적 관계 설정, 실행사업들의 결과 분석과 피드백의 반영, 마을만들기 선진사례의 다른 마을 전파 등 마을만들기의 성공적 추진을 위한 각종 영향요인들이 되는 제반사항들의 컨설팅과 지원 등이 전문가들의 중요한 역할이 될 것이다.

　필자는 마을만들기의 성공 여부가 전문가들의 역할에서 좌우될 것으로 판단하고 전문가들의 참여를 적극적으로 확대하여 운영하였다. 따라서, 함안군은 읍(동)면 발전협의회가 아니라 읍면, 마을, 권역 사업까지 모두 총괄하는 소위 '함안군 발전협의회'를 설립하여 함안군 읍·면·마을·권역 통합발전협의회로 운영하였다. 공동위원장으로 대학교수, 위원으로 연구원, 대학교, 한국농어촌공사, 지역에서 활동하는 많은 석학들을 위촉하여 마을사업

---

19) 농림축산식품부 2013년 「일반농산어촌개발사업 추진 참고자료」 책자로서 홈페이지에서 열람 가능.

예비계획을 수립할 때부터 사업시행 및 완료 때까지 전문가의 자문을 받도록 시스템화하였다.

4 마을만들기 전문 활동가

마을만들기 전문가들로 구성된 협의기구 외에 전문활동가들이 있다. 총괄계획가, 코디네이터, 농어촌 컨설턴트, 퍼실리테이터 등이 있다. 이중 퍼실리테이터는 마을사업 예비계획을 수립하기 위하여 기초역량강화사업으로 농촌현장포럼을 실시하는 전문가이다.

❶ 총괄계획가와 코디네이터

총괄계획가와 코디네이터(Coordinator)는 근본적으로 같은 개념으로서, 총괄계획가는 농림축산식품부소관 농어촌 마을만들기 분야 계획 컨설팅 또는 국토교통부소관 도시재생사업 분야에서 도시지역 발전 계획의 바람직한 수립과 시행 등을 위해서 컨설팅하는 전문가이다.

국토교통부소관 『도시재정비 촉진을 위한 특별법』에서 '총괄계획가'라는 용어를 사용하고 있으며, 국토교통부에서 추진하는 총괄계획가의 양성을 위한 커리큘럼은 주로 도시재생 일반론, 도시재생의 유형, 도시계획론 및 각론, 도시계획 사업, 도시재생 방법론 등이 주요 과목이다.

그리고 농림축산 식품부소관 『농어촌 정비법 시행령』 제52조에서 총괄계획가의 교수, 박사, 기술사, 건축사 등 자격요건을 명시하고 있으며, 주요 역할로는 계획 수립 및 시행의 총괄, 주요 내용 검토 및 조정, 자료 수집, 자문, 의견 수렴 등으로 명시하고 있다.

함안군의 경우에는 도시재생사업을 모(母)사업으로 마을만들기를 본격적으로 추진한 경험은 없었고[20], 일반농산어촌개발사업을 모(母)사업으로 마을만들기를 추진하면서 총괄계획가를 위촉 운영한 바 있다.

❷ 농어촌 컨설턴트

농어촌 컨설턴트(consultant)는 농촌체험마을, 농촌교육농장 컨설팅, 일반농산어촌개발사업 지역역량강화사업(software) 컨설팅, 지역체험관광활성화 컨설팅, 교육농장컨설팅, 스토리텔링개발 등 농촌지역사회개발의 전문가로서 활동한다. 농어촌 발전론, 농어촌 지역계획 및 정책, 농촌사회학, 농어촌공동체 활성화, 컨설팅, 농촌공간분석, 농업경영학, 마을정비계획, 농어촌 관광계획, 조경 경관분석, 환경, 홍보 마케팅, 농촌자원 조사, 커뮤니케이션 기법 등 다양한 분야를 자격 취득 과목으로 하고 있다.

❸ 퍼실리테이터와 농촌현장포럼

퍼실리테이션(facilitation)은 그룹의 구성원들이 효과적인 기법과 절차에 따라 적극적으로 참여하고, 상호작용을 촉진하여 목적을 달성하도록 돕는 활동을 말하고, 이러한 퍼실리테이션 활동을 전문성을 가지고 능숙하게 해내는 전문가를 퍼실리테이터(facilitator)라고 한다.

농림축산식품부 소관 마을사업인 일반농산어촌개발사업을 추진하기 위해서는 지역주민들의 역량을 강화하기 위하여 총 4차례에 걸친 농촌현장포럼을 실시해야 기본적인 중앙부처 공모자격이 주어지는데 이러한 현장포럼의 주된 진행자가 퍼실리테이터이다. 기록의 기술, 퍼실리테이션기법, 워크숍 디자인, 갈등 해결, 질문의 기술 등이 자격 취득 주요 교과목이다.

농촌지역 마을만들기에서 농촌현장포럼은 매우 중요한 역할을 하고 있

----

[20] 함안군은 담당부서 미지정 등을 사유로 다른 시군에 비하여 국토교통부 도시재생사업 공모 대열에 뒤늦게 참여하여 경상남도 시군 중에 제일 뒤늦게 가야읍 말산지구 사업을 처음 확보하였다.

다. 마을 주민들의 마을만들기 입문을 위한 필수과정으로써 포럼 1회 차에 주민 기초역량강화 교육, 자원조사 결과발표, 마을만들기 워크숍, 2회 차에서 지역자원을 활용한 마을테마발굴 워크숍, 3회 차에서는 우수마을 선진지 견학으로 벤치마킹을 실시하고, 4회 차는 주민 스스로 마을발전과제를 체계화하여 마을발전계획을 수립하는 과정을 거친다. 함안군의 경우는 마을만들기의 바탕에 주민들의 공동체 의식이 가장 중요하다고 판단하여 5회 차를 추가하여 마을공동체 과정을 실시하였다. 이러한 주민역량강화를 위하여 실시하는 현장포럼에는 대학교수, 총괄계획가와 코디네이터(Coordinator), 농촌컨설턴트(consultant), 퍼실리테이터(Facilitator)등 전문가들이 마을 현장에 직접 방문하여 실시하고 있다.

🏠 2. 마을만들기 영향요인은 무엇이 있나?

마을만들기 성공이나 실패를 좌우하는 영향요인(影響要因)들은 여러 가지를 들 수 있다. 이러한 영향요인들이 긍정적으로 실행되면 주민들의 자긍심이 고취되고 주민참여 동기부여가 되며 마을 발전의 지속가능성을 확보할 수 있어 궁극적으로는 성공적인 마을만들기를 기대할 수 있을 것이다. 반대로 부정적으로 실행되면 실패한 마을만들기가 되어 마을 내 많은 갈등(葛藤)을 일으키는 요인으로 작용할 것이다. 이러한 마을만들기의 주요 영향요인들로서 주민 영향요인, 지역 영향요인, 소득 영향요인, 행정 영향요인 등으로 구분하여 살펴보겠다.

1 주민 요인 (住民 要因)

❶ 추진(운영)위원회

　마을만들기의 성공을 위한 주민 영향요인으로 주목할 만한 것은 해당 지역 마을만들기에 적합한 맞춤형 마을협의기구로서 마을만들기 추진위원회를 체계적으로 구성하는 일이다. 위원장과 부위원장, 감사 그리고 마을 특성과 자원들을 활용하여 다른 지역보다 경쟁력 있는 맞춤형 사업을 발굴해서 추진할 각 사업 시행분과, 시설사업의 완료 후 유지관리를 책임지는 분과 등 각 부문별 분과장과 구성원들을 임명 및 배치해야 할 것이다.

　마을만들기 성공을 위한 주민 영향요인으로서 위에서 제시한 것 외에도 여러 가지가 있을 수 있겠지만 함안군 마을만들기 실행 경험으로 비추어 볼 때 마을만들기의 목표는 주민 화합과 상호 배려 속에서 달성될 수 있다는 주민 모두의 인식이 가장 중요하다고 판단된다.

❷ 리더십과 팔로워십

　마을만들기 성공 요인으로 매우 중요한 주민들이 갖추어야 할 덕목으로서 리더십(leadership)과 팔로워십(followership)이 있다. 마을만들기 리더십이란 마을만들기 추진 주민협의체 구성원으로 하여금 마을 발전 목표를 달성할 수 있도록 설득하고 중재할 수 있는 능력이나 영향력을 말한다. 이에 대응하여 팔로워십이란 마을만들기 주민협의체 구성원 모두가 가져야 할 덕목으로 마을 발전 목표의 달성을 위하여 필요한 기본 역량을 갖추고 다른 구성원들과 협의하고 배려하는 속에서 주체적으로 마련한 주민협의체 규정에 따라 주어진 역할을 충실히 수행하는 역량을 말한다. 지역의 발전을 위하여 리더십도 중요하지만, 마을만들기의 특성이 상향식 주민주도형인 만큼 진행과정에서 여러 단계의 의사결정과정이 존재하고 그 의사결정 과정에서 팔로워십의 중요성은 더욱더 강조되고 있다.

❸ 파트너십

그리고, 또 하나는 파트너십(partnership)이다. 파트너십은 경제적으로 동업자들이 서로의 이익을 증대시킬 목적으로 협력하는 합의를 말하며, 정치적으로는 공동의 목적 달성을 위하여 힘을 합치는 정치 연합 등의 용어로도 쓰이고 있다. 이와 같이 파트너십은 서로 다른 협의체가 서로의 공동 이익을 위하여 상호 협력관계를 유지하여 추진하는 일련의 활동들을 의미한다.

마을만들기의 경우 같은 지자체 관할 구역 내 여러 군데의 마을사업장들끼리 상호 연계 협력하는 경우가 많이 있다. 예를 들어 함안군의 경우 2014년에 각 마을사업장의 위원장, 부위원장, 사무장 등 추진위원회 간부들이 구성원으로 된 연합체로서 '함안군 마을리더연합회'를 설립하였다.[21] 그리하여 상호 추진하는 사업의 정보 교환 또는 사업 아이템의 상호 연계 협력, 각 마을사업장 사무장의 근무지 교환 등 마을만들기 각 사업장의 공동 이익을 추구한 바 있었다. 이러한 마을사업장 간에 연계협력이 필요할 때 요구되는 덕목으로 바로 파트너십(partnership)이 강조되고 있다.

❷ 지역 요인 (地域 要因)

도시민에게 농촌은 바로 자원이다. 주 5일제가 시행된 이후부터 많은 도시민의 시골 지역 캠핑 등 농촌 힐링 열풍이 일어나고 있다. 그리고 도시에서 태어나서 도시에서 자란 어린이를 동반한 많은 도시민이 농촌 체험을 다녀간다.

함안군의 경우 필자가 도시 어린이와 부모가 함안군에서 1박 2일을 함

---

[21] 2014. 12. 4~5. 개최한 '2014년 함안군(읍면,권역,마을) 발전협의회 워크숍'에서 12개 마을사업장 위원장들이 '함안군 일반농산어촌개발사업 마을만들기 연계협력 협약서'에 협약 서명하고 12개 사업장 리더가 구성원으로 하여 '함안군 일반농산어촌개발사업 마을만들기 리더연합회 운영 규약'을 만장일치로 통과시켜 공포하였다.

께하는 농촌 마을 투어인 '트임(T-YM)' 사업을 만들어 2018년에 시행한 적이 있었으며, 참여한 도시민의 선호도를 조사해 본 결과 도시의 각박한 삶을 뒤로하고 가족과 함께 영위하고 즐기는 농촌의 로컬푸드(local food)와 전원생활에 대한 정감(情感)에 대한 호감과 농촌 주말농장에서 내가 먹는 것을 직접 만들거나 재배한다는 농경 체험 등에 대한 선호도가 높았다.

농촌의 대부분은 어느 농촌지역에서나 찾아볼 수 있는 흔한 자원들임에도 불구하고 이방인에게는 특별한 의미로 다가서는 것임을 보면 '도시민에게는 농촌은 바로 자원이다.'라고 할 수 있을 것이다. 이와 같이 농촌지역 마을만들기에서 시골 마을은 그 자체가 마을만들기의 좋은 자원인 셈이다. 반대로 농촌에서 태어난 아이들에게는 도시지역이 바로 자원일 수도 있음도 유추해 볼 수 있다.

이러한 자연경관이나 지리적 자원 외에도 지역 출신의 역사적 인물이나 마을의 전설 등을 활용한 마을 이야기, 마을의 풍습과 전통, 사찰이나 옛 사당 또는 지역 문화재 등 지역 내 각종 자원들을 농촌 어메니티(rural amenity)로 잘 활용해야 할 것이며, 특별한 검토 없이 외부 아이템을 무분별하게 도입하여 많은 예산과 노력을 낭비하는 사례가 없도록 주의하는 것도 마을만들기 성공을 위한 중요한 요인이 될 것이다.

이와 같이 마을만들기의 성공적 실행을 위하여 지역주민은 자기가 속한 그 지역의 자연환경은 있는 그대로 훌륭한 자원으로 활용될 수 있음을 자각하고 소속 마을에 대한 자긍심을 가지는 것이 마을만들기의 또 다른 중요한 성공 요인이 됨을 인지해야 할 것이다.

그러나, 우리 사회가 근대화되면서 젊은 청년들이 도시로 이주하여 점차 고령화 되어가고 있으며, 최근에는 초고령사회로 접어들어 노후화된 농촌마을의 정주생활 기반시설이나 방치되고 있는 마을 경관 등은 시급히 보수되고 개선해야 할 과제로 남아있는 농촌 마을들이 갈수록 늘어나고 있는 것이 지역소멸을 더욱 앞당기고 있다는 것은 피할 수 없는 작금의 현실이 되고 있다.

❸ 소득 요인 (所得 要因)

　마을만들기에서 마을 주민들의 소득창출은 지역소멸 위기 대응을 위한 인구 흡인 요인으로 일자리를 창출하는 요소가 되며 마을의 발전과 지속가능성을 확보하는 데 매우 중요한 영향요인이 된다. 주민주도형 상향식 사업에서 시설물 유지관리비의 확보 등을 위하여 소득창출의 중요성을 미리 파악한 농림축산식품부는 2011년 이전 농촌마을 종합개발사업에 지역소득증대 부문이 세부 사업 항목으로 있었고, 2012년 이후 일반농산어촌개발사업의 단위 사업인 마을권역단위종합정비사업의 경우에도 지역소득증대 세부 사업이 항목으로 있었지만, 공모사업 심사 과정에서 전문가들이 권장하는 사항은 아니었다. 즉, 지역소득증대를 위한 실행은 사업 완료 후 역량이 어느 정도 강화된 마을사업자의 주민들이 마을 자체 예산으로 조직화하여 추진하는 것이 가장 바람직하다고 판단하였다. 따라서 대부분의 시군에서 정부 공모 예비계획서를 작성할 때 지역소득증대 부문계획은 제외시켰다. 이는 사업 초기에 역량이 부족한 주민들에게 소득창출을 위한 정부예산을 지원한다는 것은 마을사업이 실패할 확률이 매우 높고 특히 주민들의 자생력 확보에 도움이 되지 않는 등 대부분의 전문가가 긍정적 측면보다 부정적 측면이 더 많다고 판단했기 때문이었다.

　그리하여 다수의 일반농산어촌개발사업장의 추진위원회는 마을사업이 시작될 때 주민들을 조직화하고 주민협의체를 구성하여 사업을 추진하고 사업이 완료될 즈음하여 마을법인을 설립하여 본격적으로 주민 소득창출에 뛰어들었다. 법인의 형태는 마을영농법인, 협동조합 등으로 설립하였고 영리 목적이나 비영리 목적이나 크게 상관은 없지만 영리 법인의 경우 세금이나 각종 행정사무의 위수탁에 있어서 자유롭지 못한 단점이 있다.

　그리고 마을만들기를 위한 마을법인의 설립 목적은 반드시 마을 전체 또는 주민협의체의 공동 이익을 추구함을 그 목적으로 해야 한다. 만약에 그렇지 않다면 마을만들기를 하는 마을사업이 아니라 영리를 목적으로 하는 개인 사업체 또는 일반 민간기업이 되는 것이다. 현재 우리나라 마을사업들은 대부분 정부 지원 사업을 모(母)사업으로 하고 있기 때문에 마을의 공동 이익을 추구하고, 법인의 운영에 관한 모든 정보는 마을 주민이 모두 알 수 있도록 정기적으로 공시하여 알려야 하며, 마을법인의 유지관리비를 초과하는 수익이 있는 경우에는 마을과 지역발전을 위하여 사용해야 한다. 이러한 소득 영향요인이 마을경제를 활성화시켜 지속 가능한 마을만들기의 성공 요인에 상당한 비중을 차지한다고 할 것이다.

예전부터 변함없는 마을만들기 소득창출의 주요 수입원으로는 지역에서 생산되는 농특산물의 판매, 농산어촌 각종 체험료, 마을 시설물의 사용료, 기타 지역 생산 가공품 등이 있고 최근 들어 지역 풍광을 배경으로 하는 주민협의체 운영 찻집 등이 늘어나고 있지만 경영난을 벗어나지 못하는 곳이 많다. 이러한 마을사업장의 소득창출 아이템 발굴을 최대 과제로 보고 있는 것이 현실이다.

4 행정 요인 (行政 要因)

❶ 정부 예산 지원

어떤 일이든지 추진하는 모든 사업에 반드시 수반되는 것이 예산이며, 마을만들기도 마찬가지로 예산이 수반된다. 농촌지역 마을만들기 주민만족도 영향요인에 관한 연구에서 행정지원의 충분성이 경제적 만족도에서 가장 영향력이 큰 것으로 조사되었다. 이는 농촌마을 종합개발사업[22])의 예산 대부분이 정부에서 지원되었기 때문이었다(안상윤, 2013). 이와 같이 마을만들기 성공요인으로 행정의 예산지원이 많은 영향을 미친다. 이 책에서

----
22) 농촌마을 종합개발사업은 농림축산식품부 일반농산어촌개발사업의 2011년 이전 사업 명칭임.

소개하는 마을만들기를 위한 모(母)사업인 농림축산식품부 소관 일반농산어촌개발사업의 경우[23] 농촌중심지활성화사업은 약 60억 정도, 마을권역단위종합정비사업은 약 40억 정도, 창조적 마을만들기사업은 마을단위 약 5억이며 마을종합은 약 10억 정도의 사업으로서 세부 사업으로는 마을안길 상하수도 생태소하천정비 등 주민들의 기초적인 생활기반 확충 사업과 아름다운 농촌마을을 꾸미기 위한 지역경관개선사업, 그리고 주민주도형 마을사업의 성공적 추진을 위한 지역주민기초역량 강화를 위한 지역역량강화사업으로 구성되어 있었다. 지역역량강화사업은 총 사업비에서 적어도 10% 이상을 배분하여 지역주민들의 역량강화비용에 사용하도록 권장하였다. 이는 본 사업이 상향식(bottom up)마을사업이고 마을주민들의 역량이 사업의 성패를 좌우하는 중요한 요인이기 때문이었다.

이러한 지역역량강화사업비를 적극 활용하여 2012년부터 2018년까지 함안군 마을만들기를 전방위적으로 추진할 수 있었다. 각 사업장별 지역역량강화사업비 중 약 10% 정도를 배분해서 각 마을사업장의 마을주민 역량강화사업비로 사용하였고, 시군 전체적으로 사용할 수 있는 시군 단위 지역역량강화사업비 연간 약 1~2억 정도를 중앙공모로 확보하여 함안군 전체 지역주민 역량강화사업비에 사용하였으며, 이 예산으로 발전협의회 워크숍, 트임 사업운영, 현장포럼의 확대운영 등 함안군 마을만들기를 활발하게 할 수 있었던 원동력이 되었다고 할 수 있다.

그리고, 마을권역단위종합정비사업의 경우에는 세부 사업으로 지역소득증대 사업 포함되어 있었지만 공모심사과정에서 권장하는 부문은 아니었다. 즉, 지역소득증대 세부 사업은 사업 완료 후 지역주민들이 마을자체 예산으로 조직화하여 추진하는 것이 바람직하다고 판단하여 대부분의 시군에

....
23) 이 책의 마을만들기 실행 사례가 2012년부터 2021년까지 필자가 추진한 사업들을 기준으로 소개하는 것이기 때문에 현재는 사업비나 명칭 등이 다소 차이가 있음.

서 지역소득증대 부문 사업은 공모를 위한 예비계획서에서 제외하였다.

❷ 마을만들기 지원기구

마을만들기의 성공을 지원하는 요소로서 각종 마을만들기 지원 기구들이 중요한 역할을 수행한다. 행정과 주민 그리고 전문가들이 참여하는 거버넌스형 발전협의회, 행정과 주민의 매개자로서 마을만들기 중간지원 조직 등이 있다.

발전협의회는 앞에서 살펴본 바와 같이 마을만들기 전반에 걸쳐 자문역할을 수행하는 기구로서 거버넌스형으로 설립해야 하는 만큼 지역주민, 행정기관, 농어촌공사, 연구원, 대학교수 등으로 구성해야 함에 따라 시군에서 직접 모집하는 것이 가장 효율적이고 바람직하게 구성될 것으로 보인다.

그리고 중간지원 조직도 앞서 살펴본 바와 같이 행정과 민간의 중간 매개체 역할을 하며 대부분 행정기관에 비영리 법인체로 설립하여 민간에 위탁하는 방식으로 운영되는 경우가 많이 있다. 중간지원 조직이 비영리 법인인 경우가 대부분이기 때문에 적자로 운영되는 경우를 대비하여 예산지원을 위해서라도 시군 조례를 제정해야 하는 등 설립부터 운영까지 행정기관의 역할이 절대적으로 필요한 사무이다.

❸ 관련 법규

2012년부터 전국적으로 '마을만들기 지원에 관한 조례', '중간지원 조직 지원에 관한 조례' 등이 다양한 제명이나 형식으로 만들어져 오고 있다.[24] 이러한 조례는 주민들보다는 행정기관에서 제정하는 것이 당연히 효율적일 것이다.

---

24) 함안군 마을만들기 지원에 관한 조례는 2014년 12월 제정하였고, 중간지원 조직 지원에 관한 조례를 2020년 7월에 제정하였으나, 2021년 11월 조례가 통폐합되었으며 그 과정에서 각각의 본질적인 내용들이 빠지면서 두 조례 모두 사실상 폐지되었다고 볼 수 있다.

그리고 조례 외에 주민협의체의 규약 등의 제정은 마을주민들이 직접 제정하는 것이 마을만들기 취지에 적합하고 바람직할 것이다. 그러나 지자체 관내 각 마을사업장의 주민들이 수탁하는 각종 시설물 유지관리의 효율성과 통일성을 확보하기 위하여 행정기관에서 일정한 가이드라인을 만들어 제공할 필요가 있다. 예를 들면 일반농산어촌개발사업 함안군 법수산권역 창조적마을만들기 마을사업장의 강주마을에서 개최된 '강주 해바라기 축제'의 운영지침과 세칙 안건을 입안하여 지원하였고 해바라기축제위원회에서 심의 의결하여 사용한 바 있다.

그리고 이러한 법규 외에 마을만들기의 성장 또는 지속가능성을 담보하기 위해 필요한 마을사업장 주민 또는 주민협의체의 소득창출과 이익의 분배 등을 위한 마을법인의 설립과 운영에 관하여 행정적 관리와 지원이 필요하다는 것이며, 이 같은 관리와 지원을 위하여 관련 내용들을 규정한 조례는 필수적으로 필요하다.

❹ 전담 부서와 협력 기관

이와 같이 마을만들기를 위한 예산지원, 중간지원 조직 설립지원, 마을만들기 관련 법규 제정지원, 주민 소득창출을 위한 마을법인 설립지원, 각종 소득창출 아이템의 발굴 제공 및 다른 마을사업장 또는 다른 지역과 공유 등 마을경제 활성화 지원, 마을만들기 관련 주민 갈등(葛藤)관리 등 각종 지원 사무를 담당하는 행정기관의 전담 부서가 필요하다.

이러한 전담 행정기관의 역할 중 중간지원 조직 설립과 마을만들기 관련 법규 제정지원은 각 마을별로 보면 일회성 지원이지만 마을사업장 예산지원, 마을만들기 관련 참여자 사이에 편견, 오해, 집착 등으로 인하여 발생하는 갈등 관리 또는 해소, 그리고 소득창출을 통한 마을경제 활성화 등의 지원은 마을의 성장과 마을만들기 지속가능성을 확보하는 매우 중요한 요인으로서 일시적이지 않고 계속해서 필요한 사무이다. 그리고 농촌지역 마을만들기 주민만족도 영향요인에 관한 연구에서 행정지원의 충분성이 경제적 만족도와 사회적 만족도 모두에서 가장 영향력이 큰 것으로 나타났다(안상유, 2013). 따라서 보다 체계적인 행정 지원을 할 수 있도록 하는 전담부서는 마을만들기 성공을 위하여 매우 중요한 역할을 이행하게 된다.

이러한 전담부서의 역할이 성공적으로 진행되기 위해서는 마을사업의 실행사무를 위탁하여 시행하는 한국농어촌공사 등 수탁기관[25]들의 적극적인 협력도 마을만들기 성패를 좌우하는 중요한 요소가 되기도 한다.

전담 부서와 협력 기관의 지원, 역할 등이라 함은 소속 공무원 또는 지원기관 구성원들의 역량을 의미한다. 마을만들기의 특성상 매뉴얼이 정해져 있어 그대로 집행하면 되는 경우보다는 각각의 사안별로 합리적인 방안을 모색해야 하는 경우가 많고 특히, 지역 주민들의 주민주도형, 주민자치형이라는 명분으로 객관성을 수반하지 못하는 주관적이고 우발적인 여러 가지 행태[26]들에 대한 이해도가 높아야 하는 특성도 있기 때문에 구성원들의 역량이 마을만들기 성공 여부에서 매우 중요한 자리를 차지하는 것으로 관찰되었다. 이러한 마을만들기 역량이 우수한 직원들로 구성된 전담 부서가 마을만들기의 중요한 영향요인이 된다.

....

25) 국토부의 사업에 한국도로공사 등이 수탁받아 시행하듯이 농식품부 사업의 수탁기관으로는 한국농어촌공사 등이 있다. 일반농산어촌개발사업의 경우 대부분 한국농어촌공사가 수탁받아 시행한다.

26) 자치역량이 강화되지 못한 일부 주민들의 도발적인 의사결정이나 주민화합을 저해하는 사건 등.

제2장
함안군 마을만들기 탄생과 사례

함안군
마을만들기의 탄생

🏠 1. 농촌 활성화를 위한 정부 노력과 함안군의 발맞춤

중앙정부는 2010년부터 종전의 균형특별회계를 광역지역발전특별회계로 개편하여 포괄보조금 제도를 도입하여 그동안 중앙부처별로 분산 투자해 온 지역발전사업비를 특별회계로 묶어서 지방자치단체에 포괄적으로 지원하기 시작하였고, 이러한 사업을 대통령 직속 '지역발전위원회'에서 매년 성과 평가를 하고 있었다.

이에 따라 농림축산식품부는 종래의 획일적인 지침에 따라 지원하던 농촌지역개발사업을 지방자치단체가 세부 계획을 자체적으로 세워 집행하는 방식으로 전환하여 포괄보조금으로 지원하였다. 이러한 농식품부 일반 농산어촌개발사업은 농촌지역 주민들의 정주생활환경을 개선하고 도시민의 농촌 유입을 촉진함으로써 농산어촌 지역의 인구 유지 및 지역별 특색 있는 발전을 도모하고 농촌에 희망과 활력을 불어넣고자 하는 사업이었다. 이와 같이 농식품부는 이전의 '물리적 공간 개발' 중심에서 '마을주민 협의체 활성화'에 중점을 전환하여 농촌 마을 재생을 추구하고, 도농 교류 촉진을 통한 지속 가능한 농촌지역 발전에 초점을 둠으로써 주민 중심의 상향식(bottom-up) 마을만들기에 부합하는 정책이었다.

이렇게 농림축산식품부가 2004년부터 처음 시작한 농촌마을 종합개발사업은 농식품부의 실행 경험 부족, 사업장의 유지관리를 위한 소득 창출에 필요한 하드웨어 시설사업의 권장, 주민자치 역량의 불확실성으로 야기된 행정주도적인 의사결정과 그에 따른 주민 참여의 부족, 전문가 부재로 인한 형식적인 민관협의체 운영, 미흡한 주민역량강화사업으로 인한 사업 추진 과정상 주민 상호 간의 갈등(葛藤) 야기 등의 문제점들이 전국적으로 발생하였다.

이런 문제점 때문에 초기 사업들이 성공보다 실패 사례가 훨씬 더 많았던 것은 한국농촌경제연구원의 연구자료에서도 쉽게 찾아볼 수 있으며, 함안군의 사례로는 2005년도 공모사업인 군북면 월촌권역 종합정비사업이며 위와 같은 사유들 때문에 단전되고 단수된 상태로 방치된 부실 사업장으로써 농림축산식품부의 공개적인 지적을 받은 마을사업장이다. 함안군은 이 사업으로 인하여 2012년부터 시작한 마을만들기 중앙부처 공모에서 감점 등 견제를 받았으나, '사업장 활성화'는 도저히 무리였고, 마을사업장 방치는 막아내겠다는 생각으로 '사업장 정상화' 계획을 수립하여 심사에 통과되어 중앙공모사업 평가에서 간신히 불이익은 면하게 되었다.

이에 필자는 이러한 문제점이 함안군에서는 다시는 되풀이되지 않도록을 근본적으로 문제를 해결하기 위하여 전문가들의 진단을 통해 각종 문제점을 전문적으로 분석하였고 그에 따른 개선 방안을 도출하여 문제를 최소화할 수 있도록 마을사업 공모를 위한 예비계획을 기획할 때부터 새로운 접근방법을 도입하였다.

마을사업장의 형식적인 거버넌스 체제에서 탈피하여 다양한 선진사례를 벤치마킹하고 실질적인 활동 체계와 매뉴얼을 구축하여 마을만들기 계획 수립과 실행단계에 적극적으로 반영하였고, 전문가들에게 단계별 자문을 받고 사업 완료 후에는 성과 평가의 역할도 수행하도록 하였다.

또한 함안군의 강점을 더욱 강화시키고 약점을 보완할 수 있는 기회를 제공하여 농촌마을을 전통적인 생산 공간을 넘어선 새로운 성장동력으로 인식할 수 있는 동기를 제공하고자 했으며, 쾌적한 주거 공간 조성, 농촌다운 자연경관 유지, 지역 주민의 역량 강화로 주민과 주민협의체의 자긍심 고취, 지역자원 및 특산물을 활용한 소득 증대 기반 확충 등 주민이 원하는 마을로 발전시키고자 하였다.

기존의 마을사업장에서 가장 중요한 문제점으로 지적받아 온 일반농산어촌개발사업의 목적과 취지, 실행 방법 등에 대한 주민들의 인식 부족 문제를 해소하기 위하여 로컬 거버넌스를 중심으로 주민역량 강화를 최우선으로 하여 주민 교육에 행정력을 집중하였다. 아울러 거버넌스형 함안군 발전협의회 설립 및 운영, 지역공동체 교육 활성화, 함안군 마을리더연합회 구성 및 활동, 총괄계획가와 실무계획가 위촉 및 활동, 관학협력체계 구축, 지역공동체아카데미 운영 등 실질적인 활동에 초점을 맞추고 사람 중심의 마을만들기가 될 수 있도록 전문적이고 전략적인 방법으로 함안군 마을만들기를 본격적으로 착수하였다.

🏠 2. 농식품부 정책사업 속에서 마을만들기의 탄생

농촌에 대한 정부의 노력으로 추진한 농식품부 일반농산어촌개발사업은 사라져가는 농촌에 활력을 불러일으키고자 정책적으로 추진한 마을사업이 있다. 당초 농촌마을 종합개발사업이라고 하였으며 이후 개명하고 일반농산어촌개발사업으로 확대하여 추진하였다. 농산어촌 지역주민소득과 기초생활수준 향상은 물론 농촌 어메니티(rural amenity)증진과 계획적인 개발을 통하여 농산어촌의 인구 유지 및 지역별 특화 발전을 추구하고자 하였다. 사업의 종류로는 읍·면 소재지를 중심으로 정주여건을 개선하는 읍면소재지 종합 정비사업으로 이후 중심지활성화사업으로 명칭을 변경하여 사업비를 당초 70~100억 원에서 50~80억 원으로 감액하여 추진하였다. 그리고 소재지 외의 지역인 몇 개 마을을 묶은 권역단위종합정비사업으로서 이후에 창조적 마을만들기사업으로 명칭을 변경하면서 사업비가 당초 권역단위 40~50억 원에서 5~10억 원의 마을단위사업으로 변경하여 추진하였다. 이러한 2종류 사업은 사업 대상 구역이 다소간에 차이가 있을 뿐이며 사업 유형은 지역주민들의 정주생활여건을 개선하기 위한 기초생활기반 확충, 경관개선 등 하드웨어(hardware) 사업과 주민자치적 지역사업 추진을 위한 주민역량 강화를 위한 소프트웨어(software) 사업으로 크게 2가지로 구성된 주민주도형 상향식(bottom up) 사업이었다. 즉, 각종 주민역량교육 등 소프트웨어사업을 우선적으로 시행하여 강화된 주민자치 역량을 기반으로 하여 지역개발 하드웨어 사업을 시공하여 살기 좋은 농촌을 만들고자 하는 중앙 공모사업이었다. 이러한 하드웨어 기초생활기반, 경관개선사업과 소프트웨어 역량강화사업 그리고 소득증대 등 마을사업의 내용들은 모두가 지역소멸 위기 대응을 위한 인구 흡인 요인으로써 작용하는 세부 사업들이다.

[표 2-1] 마을사업별 하드웨어(HW)와 소프트웨어(SW) 유형 구분[27]

사업명	기능별 구분	주요 사업예시	유형
▶ 읍면소재지 종합 정비사업(60~100억) ▶ 마을권역단위종합 정비사업(40~50억)	기초생활기반	도로, 상하수도, 주거생활기반정비 등	HW
	소득증대	농특산물 유통가공·체험시설 설치 등	HW
	경관개선	지붕·담장정비, 보호수·경관수목정비 등	HW
	역량강화	주민교육훈련, 홍보·마케팅 역량강화 등	SW
▶ 시·군 지역역량강화사업 (0.5~2억)		시군단위 마중물 사업, 사전준비예산 등	SW

27) 일반농산어촌개발사업 2012~2014년을 기준으로 표준화하여 작성하였으며 연도별로 사업비와 사업명칭이 일부 변경되었으나 기능별 분류에 따른 주요 사업 예시 등은 변동 없음.

일본의 마을만들기에서 많은 부분을 도입한 것으로 보이지만 농촌 마을을 종합적으로 개발하여 사라져 가는 농촌 마을을 되살리고자 추진한 중앙정부 정책사업이고 2013년 당시 전국 117개 시군을 대상으로 추진했던 중앙공모사업이다. 즉, 시군에서 읍면소재지나 마을단위 또는 마을권역단위의 지역발전 예비계획을 수립하여 시도의 심의를 거쳐 한국농어촌공사의 기술 심사를 통과한 후 농림축산식품부에 공모 접수가 된다. 그러면 농식품부는 전문가 심사위원단을 구성하여 시군이 응모한 예비계획서를 심사하게 되며, 총 사업비가 고액인 선도사업인 경우에는 심사위원들이 현지 방문을 통하여 평가하기도 한다.

이렇게 공모한 사업을 선정하기 위한 전문가 심사 과정에서 중요한 기준이 되는 것이 몇 가지 있다. 먼저 예비계획의 세부 실행사업들이 적절하게 잘 연계되어 구성되었는지 살피는 사업의 연계성, 사업 계획이 지역발전에 도움이 될 만한 것인지의 타당성 또는 적절성, 그리고 보다 경제적으로 사업비를 책정하였는지의 효과성 또는 효율성 등 몇 가지 기준으로 채점한다.

그리고 해당 시군의 추진 역량이나 의지를 추가로 더 살펴본다. 즉, 중앙정부가 해당 공모사업을 선정해서 지자체에 배정해 주었을 경우 마을사업의 목적 달성을 위해 실행할 수 있는 시군의 역량이 얼마나 되는 지를 채점한다는 것이다. 그 이유는 지자체가 역량이 모자라면 마을 주민의 역량이 아무리 높다고 하더라도 실패할 확률이 높아지기 때문에 시군의 역량은 매우 중요한 심사 항목일 수밖에 없다는 것이다. 이러한 요소들의 심사는 각종 중앙부처 공모사업에서 심사위원들이 현재까지도 애용하고 있는 평가 기법들이다.

이와 같이 공모사업을 확보하기 위하여 시군의 실행 역량이 무엇보다 중요한 영향요인였다. 이러한 추세는 2009년 국가균형발전특별법[28]에 의한 포괄보조금 제도가 도입되고 중앙공모사업 심사 과정에서 정책목표와 성

....

28) 2023년에 '지방자치분권 및 지역균형발전에 관한 특별법'으로 통폐합 되었음.

과지표 등이 나타나면서 시군의 역량이 중요하게 다루어지고 강조되기 시작하였다.

2012년 중반에 필자가 함안군 기획감사실 균형발전 담당 업무를 맡으면서 중앙공모사업 확보를 위해서는 앞서 언급한 것과 같은 시군 역량의 중요성을 인식하고 농림축산식품부 일반농산어촌개발사업을 모(母)사업으로 하여 지역 주민들의 기초역량을 강화하는 마을만들기 마중물 사업으로 '농촌마을재생사업'을 시행하면서 출발하여 소위 '함안군 마을만들기'를 본격적으로 시작하게 된 것이다.

이어서 2015년 초에 함안군 조직 관련 조례를 개정하여 별도의 독립 부서인 '함안군 미래전략기획단'이 출범하였고, 일반농산어촌개발사업 중앙공모 사무를 전담하면서 함안군 마을만들기를 보다 더 독자적이고 활기차게 실행할 수 있게 되었다.

🏠 3. 함안군 마을만들기 추진 체제를 만들다

각종 중앙공모 마을사업을 기반으로 하여 마을만들기를 추진하기 위하여 필자는 마을만들기 지원과 관련된 함안군 조례를 우선하여 제정하였고, 함안군 마을만들기 비전(vision)과 발전목표를 설정하였으며, 마을만들기 마중물 사업으로 '아라농촌마을 재생사업'을 기획하여 추진하게 되었다. 이에 따라 함안군 마을만들기 실행 프로그램으로 '함안군 마을만들기 이오(2-5) 프로젝트'를 기획하였고, 이 프로젝트를 실행하기 위하여 함안군 미래전략기획단을 중심으로 함안군 발전협의회를 설립하는 등 마을만들기 추진 체계를 구체적으로 만들었다.

[그림 2-1] 함안군 마을만들기 추진 체계도

우선 행정기관인 함안군 미래전략기획단이 함안군 마을만들기를 총괄하고 마을만들기 환류 체제를 구축하였다. 함안군 발전협의회는 마을만들기 분야별 전문가 집단으로 마을사업의 자문역할을 하였고, 총괄계획가와 실무계획가는 대학교수 등 관련분야 석학을 임명하여 지속 가능한 마을만들기 발전계획 수립을 지원하고 예비 현장포럼과 공동체 활성화 주민역량강화 교육을 담당하도록 하였다. 함안군 마을리더연합회는 각 마을사업장별 추진위원장과 사무장으로서 상호 간에 네트워크를 구성하여 각종 정보를 상호 교류하였다. 지역대학과는 관학 협력을 맺고 학생들과 주민들 간의 소통을 유도하였으며, 평소 함안군 지역에 밝은 지역 전문가들에게는 농촌어메니티를 활용한 소득창출 아이템 발굴 등의 역할을 하도록 하였다.

[그림 2-2] 함안군 마을만들기 추진 단계도

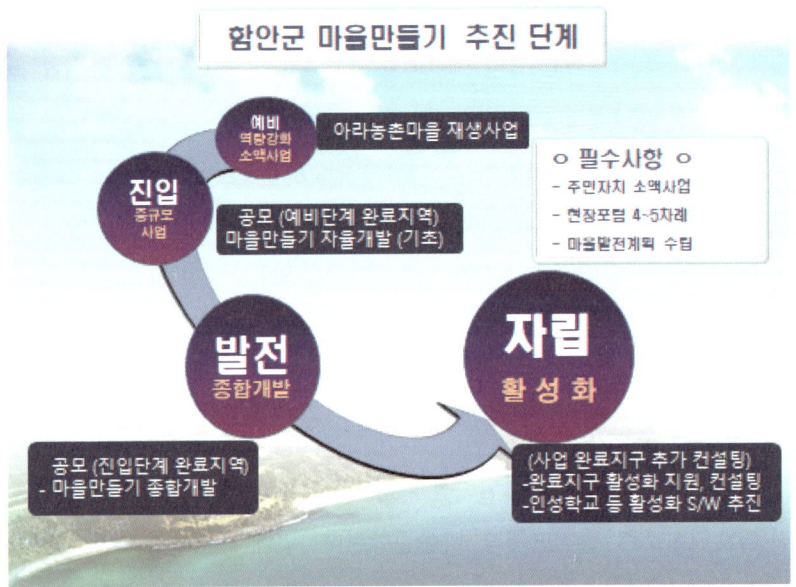

함안군 마을만들기를 실행하는 단계별 마을사업의 주요 내용은 먼저, 예비단계인 소액 사업으로 아라농촌마을 재생사업을 추진하면서 마을주민들의 기초적인 역량강화을 하고 우수마을은 중앙공모를 통하여 중규모사업을 확보하여 주민협의체 주관으로 마을사업을 시행하면서 '진입단계'로 접어든다.

사업비 약 5억 원 이하 중규모마을사업의 세부적인 사업 내용은 주로 마을 주민들의 숙원 사업인 마을 안길을 편리하게 정비하고, 또랑, 담장 등 노후화된 시골 풍경을 특색있게 만들고, 특히, 마을 주민들 공동이용시설인 마을회관이나 경로당 등을 리모델링하는 등 지역주민들의 편의 제공 및 정주생활환경 개선을 통하여 마을 주민 삶의 질 향상에 주안점을 두었다.

물론, 마을사업을 시행하면서 각종 시설물을 계획할 때 마을주민 편의는 물론이고 도시 방문객을 맞이할 여건도 같이 반영하여 기획하도록 하였다. 농촌지역 마을만들기에서 도시민 방문객을 유치하는 등을 통하여 마을경제 활성화를 추구하는 것이 지역소멸의 위기에서 농촌 마을을 유지할 수 있는 중요한 전략적 수단이 되기 때문이다.

그러나 진입단계 중규모사업으로는 마을영농법인을 만들어 마을경제를 활성화시키기에는 예산 규모나 주민역량 측면에서 다소간에 역부족인 것이 현실이었다. 따라서 대부분의 마을은 주민들의 고령화 등을 이유로 가족들이나 친지들 그리고 약간의 도시민 방문을 맞이하는 깨끗하고 살기 좋은 마을을 만든 것으로 만족하여 다음 단계인 발전과 자립단계로 진입하지는 못하였다.

그러나 일부 마을은 추진위원장의 강력한 리더십과 마을주민들의 공감적 팔로워십으로 '발전단계'인 마을종합정비사업에 응모하여 추가 사업비를 확보하여 본격적인 마을사업을 시행하는 마을도 있었고, 기존의 마을권역단위종합정비사업 지구는 시행 기간이 4~5년 동안 사업을 추진하였기 때문에 사업 시행 과정에서 발전과 자립단계로 접어들었다.

그리고 농촌마을종합정비사업이 마무리된 지구로서 마을영농법인을 설립하고 마을자원들을 활용한 농특산품을 개발하여 상품화하고 판매하거나, 마을 시설자원을 활용하여 도시민을 유치하여 농촌체험을 하도록 하여 마을경제를 활성화하는 '자립단계'에 접어든 마을도 다수 있었다. 이렇게 마을경제를 활성화하는 것을 마을 재생의 동력원으로 하여 살고 싶고 머물고 싶은 마을을 만드는 것이 마을만들기의 최종 목표라고 할 수 있다.

4. 마을만들기 비전과 목표를 세우다

　필자가 농식품부 일반농산어촌개발사업을 모(母)사업으로 마을만들기를 추진한 이유를 간단히 설명해 보면 첫째, 보다 더 많은 국·도비를 확보하기 위해서였다. 즉, 농림축산식품부 일반농산어촌개발사업 신규 공모에서 주민자치역량강화를 통한 시군에 비교우위를 차지하고자 주민주도형 마을만들기를 추진하였고, 둘째, 확보한 국·도비가 삭감되지 않도록 지키는 것이었다. 즉, 일반농산어촌개발사업의 예산 계정이 지역발전특별회계이기 때문에 대통령 직속 지역발전위원회가 매년 추진실적을 평가하여 저조한 시군은 사업비를 10%에서 100% 전액까지 삭감하도록 패널티(penalty)를 주는 방식으로 운영한 만큼 지역발전위원회 정기 평가를 대비해서 지자체 일반농산어촌개발사업 추진역량 강화를 위해 마을만들기를 적극 실행하였다. 셋째는 일반농산어촌개발사업의 세부적인 각종 시설사업의 추진 과정에 주민들이 스스로 많은 의사결정을 해야 하는데, 그 과정에서 발생할 수 있는 주민 갈등(葛藤)을 최소화하여 일반농산어촌개발사업이 원활하게 진행될 수 있도록 하기 위하여 지역주민 역량강화사업을 기반으로 하는 마을만들기를 적극 권장하였다. 넷째는 일반농산어촌개발사업의 정주생활기반시설들이 완공되면 주민 스스로 유지관리를 잘할 수 있도록 하는 체계를 구축할 수 있는 주인의식과 유지관리 역량을 강화하고자 하는 기대가 있었으며, 끝으로 6차 산업 등 지역적으로 특화된 소득 창출 기반 구축을 통하여 국가경제 또는 지역경제와 구분되는 '마을경제'를 활성화하여 지역 주민 삶의 질을 향상시키는 것을 최종 목표로 마을만들기를 실행하였다.

　[그림2-3]은 함안군 마을만들기 비전(vision)과 발전 목표(goal) 등을 제시하고 있다. 함안군의 마을만들기 주요자원으로 마중물 사업인 아라농촌마을 재생사업, 마을만들기 전문가 자문기구인 함안군 발전협의회 운영, 경

남대학교와 민관학 교류를 통한 지역공동체 활성화를 추구한 관학협력, 함안군내 모든 마을사업장의 추진위원장 부위원장 사무장으로 구성된 함안군 마을리더연합회, 그리고 함안군 마을만들기 지원 조례 등이 있었다. 추진 전략으로 전담부서인 미래전략기획단을 만들고, 거버넌스 시스템을 구축하여 함안군 마을만들기 이오(2-5)프로젝트를 시행하였다. 발전목표는 첫째, 배려와 봉사, 화합과 나눔, 창조적 사고를 바탕으로 공동체를 확립하고, 둘째, 기초생활기반확충과 농촌경관을 개선하여 주민활력증강을 통하여 주민자긍심을 고취하고, 셋째, 지역상품을 개발하고 마을사업을 홍보하여 도시민 교류촉진을 통한 주민소득증대로 하였다. 이 세 가지 발전목표를 달성하여 지역주민 삶의 질을 향상시켜 '살고 싶고 머물고 싶은 함안'을 만들고자 하였다.

[그림 2-3] 함안군 마을만들기 비전과 발전목표

🏠 5. 마을만들기 마중물 사업을 실행하다

1 아라농촌마을 재생사업의 탄생

 필자가 마을만들기를 본격적으로 실행하기 위하여 마중물 사업으로 '농촌마을재생사업'을 기획하여 2013년 당초 예산을 확보하고 본격적으로 사업을 추진하게 되었다. 당초 명칭은 '농촌마을재생사업'이었는데 이후 '아라농촌마을 재생사업'으로 함안군의 상징인 '아라'를 접두어로 붙여 현재까지 사용하고 있다.[29]

 사업의 추진 목적은 첫째, 마을의 잠재적 자원을 주민 스스로 발굴 및 발전시켜 참여의식을 제고하고, 둘째, 농촌 경관과 마을의 역사·문화가 조화로운 특색 있는 마을을 조성하고, 셋째, '일반 농산어촌 개발사업' 지원 시군 선정을 위한 심사에 대응하기 위한 것으로 하였다.
 사업의 추진 방향은 첫째, 마을 주민들이 앞장서서 마을의 환경정비를 통한 깨끗하고 밝은 지역을 만드는 계기를 마련하고 공동체적 화합 정신, 둘째, 농촌지역 자기 마을의 특수성을 살릴 수 있도록 주민 자체적인 상향식 맞춤형 사업을 통한 지역사회 활성화 계기 마련한다는 것이었다.
 사업 대상 마을은 주민과 방문객이 현실적으로 공감할 수 있는 구역을 선택하여 추진하고자 하는 마을을 읍면당 2개 마을 정도로 하여 10개 읍면

----
[29] 2015년 행복마을만들기 전국대회 시군 마을사업 현장방문 심사 때 우리 군을 방문한 심사 위원께서 '재생' 용어는 '도시재생사업'에서 사용하는 단어로 농촌의 차별성을 사유로 '재생' 단어 사용을 배제하라고 권고하였으나, 접두어 '아라'를 붙이고 '재생' 단어는 그대로 사용하여 지금까지도 '아라농촌마을 재생사업'이 정식 명칭으로 사용 중이며, 2025년 1월에 농식품부 농업정책국에 '농촌재생 지원팀'이 과 단위로 설치되었다.

전체 최대 20개 마을을 선정한다. 그리고 마을당 5백만 원의 사업비를 민간 보조금으로 배정하여 주민들의 창의적인 노력으로 환경, 경관 등을 조화시키고, 주민들의 자발적인 노력으로 취약지역을 개선하는 등의 가이드라인을 부여하였다.

마을에서 추진한 사업은 특색 있고 의미 있는 마을담장 벽화, 간이 정류장 벽화 등 환경개선, 마을회관과 공터 등에 소규모 쌈지공원 조성, 도로변, 마을회관 주변 등에 꽃밭, 소하천 가꾸기, 마을의 더럽고 지저분한 취약지역의 정화 및 녹화 등 아름다운 마을을 만들기 시작하였다. 그리고 시설사업 완료 후 평가는 당초 제출한 사업계획서 심사와 마을별 현장심사를 종합하여 최종 평가를 하였으며, 심사위원은 10개 읍면 담당 공무원을 위촉하여 타 읍면 9개를 평가하는 상호 다면평가를 실시하였다.

평가 기준은 [표 2-2] 농촌마을재생사업 심사(평가)표에서 보는 바와 같이 공동체의식 함양, 적절성, 효과성, 파급성 등 4가지 대분류로 나누고 하위 세부 항목을 12개로 나누어 채점하도록 하였다. 먼저 마을만들기의 기본 역량인 공동체의식 함양 평가는 현장포럼, 사업계획 수립 및 시행 과정에 주민들이 참여한 정도 등을 채첨 기준으로 하였고, 둘째, 사업의 적절성은 공모사업 예비계획 수립 시 필요한 요인으로서 지역자원의 활용 여부, 주변 환경, 경관과의 조화성, 친환경성 등을 기준으로 채점하였고, 세 번째, 사업추진의 효과성 역시 공모사업 예비계획 수립 시 필요한 요소이며 취약지역 개선도, 예산 투입의 적절성 등을 세부 항목으로 하였고, 끝으로 사업 내용의 파급성은 소프트웨어(software)사업과 하드웨어(hardware)사업의 모범 사례와 특이사례, 독창성, 창의성 등을 채점 기준으로 하였다.

[표 2-2] 아라농촌마을 재생사업 채점(심사)표

구 분	심사 항목	점수
공동체의식 함양	1) 사업계획 및 추진과정에 주민 참여도	
	2) 마을공동체 현장포럼 주민 참여도	
	3) 마을주민 화합의식 함양 기여도	
시행 사업 적절성	4) 마을자원 발굴 활용 및 특색 부각 정도	
	5) 주변 환경, 경관과 조화로운 정도	
	6) 사업 내용의 친환경 및 생태성 정도	
사업추진 효과성	7) 마을 취약지역 개선에 기여한 정도	
	8) 마을 기금 또는 주민 자부담 정도	
	9) 투입 예산 대비 산출물 효과 정도	
사업내용 파급성	10) 추진 과정상의 주민의 software적 모범사례	
	11) 사업완료후 산출물의 hardware적 특이사례	
	12) 독창성, 창의성의 주변마을 파급 가능도	

 이렇게 평가한 우수마을에 대해서 상훈 순서대로 차등하여 추가 사업비를 지원했으며, 농림축산식품부 일반농산어촌개발 공모사업 우선 신청권을 주었다. 이렇게 마을만들기 마중물 사업으로 2012년 기획하여 2013년부터 시행한 아라농촌마을 재생사업이 지금까지 매년 빠짐없이 시행하여 현재까지 200여 개 마을이 시행해 오고 있으며, 지방 소멸 위기에서 인구 감소 대응책으로써 함안군에 더 많은 도시민이 찾아오도록 유도하는 전략사업으로 더욱더 육성 발전시킬 필요가 있는 효과적인 소규모 마을사업이라고 자평한다.

 아라농촌마을 재생사업 평가에서 우수마을로 입상한 마을은 포상금으로 받은 추가 지원금으로 2차 사업을 하면서 곧바로 중앙공모 예비계획을 수립하여 그다음 해 초에 경상남도를 거쳐 농식품부 공모사업에 응모하였다. 응모한 대부분 마을이 선정되어 5~10억 원의 사업비를 확보하여 마을사업을 시행하게 되었다. 공모 심사 과정에서 농촌마을재생사업과 같은 5백만 원의 소규모 마중물 사업을 시행해 본 경험이 중앙공모사업 선정 심사 과정에서 심사위원들에게 많은 호평을 받았다.

  이렇게 아라농촌마을 재생사업에서 입상한 마을 중에 예상보다 많은 마을이 중앙공모를 추진하지 않았다. 이러한 마을은 마중물 사업을 추진하면서 주민협의체 운영의 어려움을 느낀 주민협의체가 더 이상의 사업 추진은 무리가 있다고 판단하여 포기하는 경우가 많았다. 그러나, 주민협의체에서 중앙공모 마을사업을 추진하기로 중지를 모은 마을은 공모사업에 응모하였으며, 응모한 마을은 대부분 선정되었고 사업비 약 5억 원의 중규모 마을사업 또는 10억 원으로 마을종합사업 등을 시행하면서 '살고 싶고 머물고 싶은 마을만들기'의 농촌 어메니티(rural amenity) 기반을 조성하였다.

  [그림 2-4]는 아라농촌마을 재생사업으로 마을경관을 개선한 사례 사진으로 마을 입구 방치된 공터에 마을주민들이 모여 화단을 만든 마을은 그 해 평가에서 최고 점수로 입상하였고, 그다음 해 초 중앙공모사업에 응모하여 일반농산어촌개발 마을종합사업에 선정되어 사업비 약 10억 원을 확보하였다. 마을의 농어촌버스 회전 정류장 주변에 있는 시골집의 블록 담벼락에 인근 대학의 재능기부를 받아 벽화를 그린 마을은 마을권역종합정비사업의 선도마을로 활약하였으며, 마을진입도로변의 잡풀 등으로 방치된 하천 둑길을 주민들이 모여 화단으로 탈바꿈시켜 깨끗하게 정비한 마을과 또 한 마을은 각각 그다음 해 중규모 5억 원의 마을사업을 확보하여 마을주민 주도로 마을발전 계획을 수립하여 본격적인 마을만들기를 추진했다.

  이러한 아라농촌마을 재생사업에 입상한 마을들의 세부적 추진사항과 입상한 후 그다음 해 중앙공모사업에 응모하여 사업이 선정되고 이듬해 본격적인 마을사업을 진행한 실제 사례를 다음 파트에서 살펴보겠다.

[그림 2-4] 아라농촌마을 재생사업으로 마을경관 개선 사례 (출처:함안군 내부자료)

칠원읍 장암마을 입구 방치된 공터에 주민들이 모여 화단을 만드는 모습으로 시골에 새바람을 일으켰다.

칠원읍 무기마을 진입도로변의 잡풀로 방치된 하천뚝길을 주민이 모여 화단을 만들어 깨끗이 정비한 모습

함안면 원촌마을의 농촌버스정류장 주변에 있는 시골 집의 담벼락에 인근 대학의 재능기부로 그려진 벽화

대산면 입사마을 주민들이 모여 잡풀만이 우거져 있던 마을진입도로변을 깨끗하게 화단을 만들고 한 컷

2 기초역량강화를 위한 예비 현장포럼 운영

앞에서 살펴본 바와 같이 함안군은 마을만들기를 본격적으로 실행하기 위하여 마중물 사업으로 2012년에 8개 마을을 시작으로 '아라농촌마을 재생사업'을 추진하였는데 그 후 매년 신청마을 20여 개 지구를 대상으로 마

을만들기 총괄계획가로 위촉한 대학교수와 실무계획가로 위촉한 마을사업 전문가를 한 팀으로 하여 마을회관에서 마을주민을 대상으로 예비 현장포럼을 실시하였다. 이는 농식품부의 공식적인 농촌현장포럼 실시 이전에 시행한 기초역량강화 교육 프로그램이었다.

시행 목적은 포괄보조 일반농산어촌개발 창조적 마을만들기사업 등 중앙단위 공모사업 응모 대상 예비 마을을 발굴하고, 마을만들기 예비단계인 농촌마을재생사업의 원활한 추진과 주민의 공동체 소양강화 및 농촌마을만들기 추진 동력을 강화시키는데 그 목적을 두었다. 총괄계획가는 마을만들기를 시작하기 위하여 필요한 주민들의 마을공동체 활성화에 대한 기초역량을 교육하였고, 실무계획가는 마을의 역사, 문화, 자연자원 등 기본적인 마을자원을 조사하고 마을 경관의 개선 방향 등을 구상 및 교육하는 등 주민들의 예비 현장포럼을 책임 진행하는 역할을 하였다.

이러한 예비포럼으로 지역 주민이 스스로 자기 마을의 특수성을 살릴 수 있다는 자신감과 우리도 할 수 있다는 도전적 역량을 강화할 수 있었으며 5백만 원의 마을만들기 마중물 사업에서 우수마을로 수상하게 된다면 약 5억 원의 중규모 마을사업을 추진할 수 있었고, 그에 따라 의무적으로 시행하는 농식품부 마을사업 진행 프로그램으로써 퍼실리테이터가 진행하는 공식적인 농촌현장포럼의 학습 효과를 배가할 수 있는 계기를 마련해 주었고, 참여 주민들의 자긍심과 애착심을 심어주는 동기를 마련해 주었다.

[그림 2-5] 농촌현장포럼 사례 사진 (출처:함안군 내부자료)

3 아라농촌마을 재생사업 실행 사례

❶ 2013년 시행 사례

먼저, 사업 시행 첫해인 2013년은 8개 읍·면 8개 마을, 가야읍 중광마을, 함안면 미산마을, 군북면 죽산마을, 법수면 악양마을, 대산면 서촌마을, 칠서면 무릉마을, 칠북면 령동마을, 칠원면 다숲대동마을이 참가하였다.

각 마을에서는 2013년 상반기 동안 마을재생사업을 추진하였고, 2013. 7. 22. 부군수를 위원장으로 하고, 기획감사실장, 환경보호과장, 건설과장, 균형발전 담당, 건설과 담당을 심사위원으로 하여 사업 현장 방문을 통한 심사결과에 따라 2013. 8. 7.군민대학 시작 전에 군민들이 모인 가운데 우수마을 시상을 하고 추가 배정하는 포상금으로 추가 마을사업을 연말까지 추진하도록 하였다.

[표 2-3] 2013년 농촌마을재생사업 포상 현황

품 격	상 명칭	상사업비	마 을	비고
최우수상	농촌재생마을상	10백만 원	칠서면 무릉마을	
우수상	공동체조성마을상	각 5백만 원	대산면 서촌, 가야읍 중광	
장려상	경관개선마을상	각 2.5백만 원	칠원면 다숲대동 법수면 악양	

[그림 2-6] 2013년 아라농촌마을 재생사업 우수사례 (출처:함안군 내부자료)

　　입상한 마을이 추가 사업을 추진하면서 주민협의체에서 중앙공모 마을 사업을 계속해서 추진하기로 중지를 모은 칠서면 무릉마을은 곧바로 2013년 하반기에 마을사업 예비계획 수립을 위한 농촌현장포럼과 함안군 발전협의회의 전문가 자문을 여러 차례 거치고 공모사업계획을 완성하여 2014

년 초에 경상남도 심사를 거쳐 농식품부 중앙공모사업에 응모하였다. 그 결과 그다음 해, 2015년 시행 일반농산어촌개발 마을종합사업에 선정되어 마을사업비 약 9억 원을 확보하여 주민숙원사업이었던 마을회관을 리모델링하고 무산사 앞에 관광객의 편의를 위한 주차장 등을 만드는 등 마을 내 시설사업을 시행하는 등 본격적인 마을만들기를 시작할 수 있었다. 게다가 이 마을은 그다음 해에 마중물 사업시행 과정에 강화된 주민협의체의 역량과 주세붕 선생의 무산사를 마을 자원으로 하여 '2016년 국토교통부 한옥 건축지원 사업[30]'에 응모하여 선정되어 약 6억 원의 사업비를 확보하고 주세붕 선생 무산사와 접하여 한옥 예절교육관을 연계 사업으로 신축하게 되었다.

이렇게 마을사업으로 마을회관을 개축하고 연계 사업으로 한옥예절 교육관을 신축하였으나, 당초 의도했던 외부 관광객 유치, 예절 교육 프로그램 운영 등은 원활하게 진행되지 않고 있어 성공한 마을만들기 지구라고 보기는 어려운 마을로서 조속한 시일 내 그 원인을 파악하여 치유해야 하는 숙제를 안고 있다.

----

30) 한옥의 보존을 목적으로 국토교통부에서 주관하는 사업으로 전국에서 2곳 정도 선정한다. 2016년 공모에는 경남 함안군과 강원도 태백시가 선정되었다.

[그림 2-7] 무릉마을사업 및 연계 사업 한옥예절 교육관 (출처:함안군 내부자료)

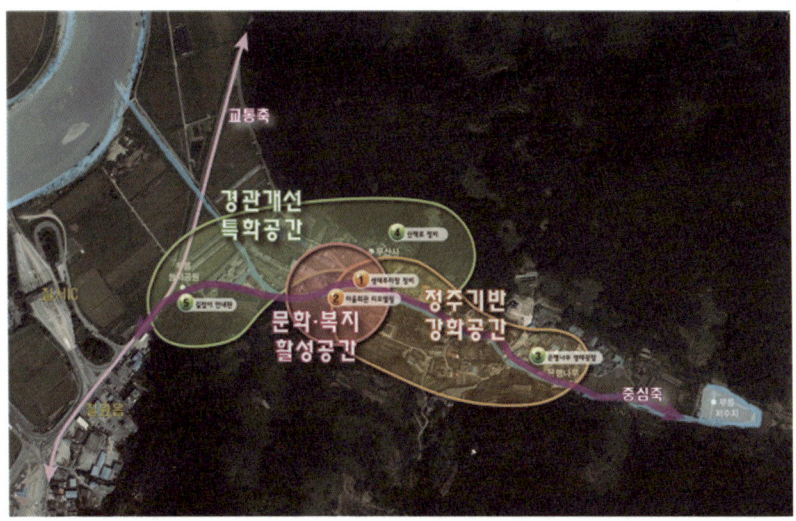

위쪽 사진은 칠서면 무릉종합마을사업의 조감도와 아래쪽은 마을만들기 연계사업으로 국토교통부 한옥건축지원사업 확보한 한옥예절 교육관 준공식 사진으로 조근제 함안군수와 이*섭 군의회 의장, 빈*태 도의원, 송*식 칠서면장, 그리고 한문학 대가 허권수 교수와 주세붕 선생의 후예인 상주주씨문민공파문중 관계자분들이 함께했다.

❷ 2014년 시행 사례

　농식품부 일반농산어촌개발사업 중규모 마을사업 공모를 하려면 농촌마을재생사업을 먼저 시행해야 한다는 함안군의 내부 방침[31]에 대하여 관심있는 마을의 리더들은 모두 알게 됨에 따라 농촌마을재생사업 수요가 늘어나기 시작하였다. 그리하여 예산을 대폭 인상하여 2013년 8개 마을에서 2014년 15개 마을로 확대하여 시행하게 되었다. 가야읍 하검과 묘동마을, 함안면 강지마을, 군북면 월촌과 서촌마을, 법수면 윤내마을, 대산면 장포와 마산마을, 칠서면 송락과 용호마을, 칠북면 내봉촌마을, 칠원면 장암과 학동마을, 산인 송정과 갈전마을로 총 15개 마을이 참가하였다. 물론 더 많은 마을이 신청하였으나 읍면에서 자체적으로 심사하여 군에서는 예산액 한도로 접수한 것이다.

　신청 수요가 증가되는 만큼 2014년부터는 추진 방향을 보다 구체적으로 제시하였다. 먼저, 농촌경관 및 마을역사·문화가 조화로운 색깔있는 마을 조성을 위하여 사업 시행전 지역역량강화사업으로 농촌현장포럼 2차분을 실시하도록 하였고, 다음은 마을 잠재적 자원의 자발적 발굴 및 발전으로 주민참여의식 제고를 통하여 지역애착 및 마을공동체 활성화를 도모하고, 일반농산어촌개발 창조적마을만들기 마을사업신청 예비단계인 만큼 공모사업 선정기준 변경사항을 인지하도록 진행하였다.

----

[31] 함안군은 모든 중앙부터 공모사업에 응모하기 위해서는 기초역량강화 마중물 사업인 농촌마을재생사업을 시행한 마을만 응모 자격을 부여했다. 이러한 내부 방침의 시행은 농식품부, 국토부, 행안부 등 모든 중앙부처 공모사업 심사에서 매우 유리하게 작용했다.

[표 2-4] 2014년 농촌마을재생사업 마을별 시행 현황

읍면	마을명	사업 내용	사업장소	비고
계		15개 마을		
가야	하검마을	▶ 하검마을 팔각정 주변 조경공사 • 팔각정 주변 시설물 설치 및 꽃 식재 • 조경 및 정리작업	하검마을 팔각정 주변	
	묘동마을	▶ 묘동마을 도로변 꽃동산 조성 • 주변 기존 잡목제거 및 꽃동산 조성 • 부지조성 및 조경(정원석, 연산홍 식재)	묘동마을 입구	
함안	강지마을	▶ 강지마을 가꾸기 사업 • 마을 도로변 꽃길 가꾸기, 쌈지공원 조성 • 마을소하천(거리골, 영담) 살리기 추진	강지마을 주변	
군북	월촌마을	▶ 꽃길 조성사업 • 월촌 전역 꽃길 조성사업, 현장포럼	월촌마을 전역	
	서촌마을	▶ 칠연지 정비사업 • 풀베기, 수목정비, 쉼터조성	동촌리 749일원	
법수	윤내마을	▶ 꽃피는 윤내마을 가꾸기 • 자투리 땅 객토 및 조경석 쌓기 • 금계국 및 매실나무 심기, 현장포럼	윤내마을	
대산	장포마을	▶ 장포마을 쌈지공원 조성 • 테라스, 쌈지공원 조성 및 조경석 그늘목 식재	장포마을	
	마산마을	▶ 마산마을 경관개선사업 • 갈마산, 갈마정 표지판 설치 • 경계석 및 석물조경, 화단조성	마산마을 회관 앞	
칠서	송락마을	▶ 송락 소공원 조성사업 • 화단조성 및 조경 식재, 현장포럼	이룡리 1077-3일원	
	용호마을	▶ 마을 입구 화단조성사업 • 화단, 마을표지석 설치	이룡리 1254-3일원	
칠북	내봉촌 마을	▶ 내고장 특산물 홍보탑 설치 및 주변환경정비 • 함안-창원 경계 단감 광고판 설치, 꽃길 조성	창원시 경계부	
칠원	장암마을	▶ 소규모 공원 정비 • 장암마을 입구 공원 정비	장암리 401 일원	
	학동마을	▶ 체육공원 정비 • 학동마을 입구 체육공원 정비	운서리 379-2 일원	
산인	송정마을	▶ 송정마을 담장 벽화사업 • 마을내 담장을 이용한 벽화 그림 사업	송정마을 일원	
	갈전마을	▶ 갈전소류지 주변 정비 • 소류지 주변 사리부설, 그늘목식재, 꽃길조성	갈전소류지 일원	

농촌마을재생사업 시행 후 심사를 위한 심사위원의 구성을 2013년 보다는 진일보해서 담당부서와 현장활동가, 그리고 농촌마을 재생사업 업무를 직접 관장하는 읍면 실무자 9개 읍면 9명으로 변경하여 읍면 직원들의 참여도를 높이고 평가의 공정성도 더 높일 수 있도록 하였으며, 평가 방식도 기존 심사항목 12개는 그대로 적용하고 새로이 실무 담당자 평가 방식으로, 실무자 본인 소속 읍면은 제외하고 다른 읍면을 평가하도록 함으로써 실질적인 다면평가가 될 수 있도록 하였다.

[그림 2-8] 읍면 실무 담당자들의 농촌마을재생사업 평가 현장 (출처:함안군 내부자료)

　이와같이 필자는 농촌마을재생사업의 현장 평가와 지역별 형평성과 효율성 등에 대한 가점부여로 지역균형발전에 대한 탄력성도 기할 수 있도록 하여 함안군 마을만들기를 전방위로 확산시키고, 중앙부처 공모사업에서 가장 중요한 심사기준인 지역주민역량강화를 꾀할 수 있으며, 읍면 담당자 참여형 다면평가로 심사공정성을 확보 할 수 있도록 하였다. 이렇게 현장

평가결과와 서류평가결과를 종합하여 최종 채점한 결과 칠원 장암마을이 최우수상을 차지했다.

[표 2-5] 2014년 농촌마을재생사업 참가마을과 심사결과

마을명 구분	가야		함안	군북		법수	대산		칠서		칠북	칠원		산인	
	하검	묘동	강지	월촌	서촌	윤내	장포	마산	송락	용호	내봉촌	장암	학동	송정	갈전
총 점	1,291	1,099	782	1,017	1,020	1,023	989	1,249	721	963	706	1,349	844	953	957
순 위	2	4	13	7	6	5	8	3	14	9	15	1	12	11	10

심사결과에 따라 2014. 8. 6. 군민대학 시작 전에 군민들이 모인 가운데 우수마을 시상을 하고 우수마을에 대해서는 추가 배정하는 포상금으로 추가 사업을 연말까지 추진하도록 독려하였다.

[표 2-6] 2014년 농촌마을재생사업 포상 현황

품 격	상 명칭	상사업비	마 을	비고
최우수상	농촌재생마을상	7백만 원	칠원면 장암마을	
우 수 상	공동체조성마을상	각 5백만 원	가야읍 하검, 대산면 마산	
장 려 상	경관개선마을상	각 3백만 원	가야 묘동, 법수 윤내, 군북 서촌	

[그림 2-9] 2014년 농촌마을재생사업 마산마을 (출처:함안군 내부자료)

2014년도에 입상한 마을이 추가 포상금 사업을 추진하면서 주민협의체에서 중앙공모 마을사업을 계속해서 추진하기로 중지를 모은 마을은 칠원읍 장암마을, 대산면 마산 마을, 법수면 윤내마을이었다.

칠원읍 장암마을과 대산면 마산 마을은 곧바로 2014년 하반기에 마을사업 예비계획을 위한 농촌현장포럼과 함안군 발전협의회의 전문가 자문을 여러 차례 거치고 공모사업계획을 각각 완성하여 2015년초 초에 경남도 심사를 거쳐 농식품부 중앙공모사업에 응모하였다. 그 결과 두 마을 모두 그다음 해 2016년 시행 일반농산어촌개발 마을사업에 선정되었다. 칠원읍 장암마을의 경우는 종합마을사업으로서 사업비 약 10억 원을 확보하여 주민숙원사업인 마을복지회관 건립하고 칠보 건강터, 산수유 굽이길, 생태 쉼터 등을 조성하였다. 이 마을은 복지관 건립 등 마을주민 정주생활 여건개선도 하면서 마을 경관개선 등 힐링 마을을 만들어 방문객을 상대로 마을경제를 활성화시키고자 시도한 마을로서 시설사업들이 설치되는 시점에서 '마을만들기 중간지원 조직'의 다양한 행정적 지원이 필요한 마을이라고 할 수 있다. 그러나 이러한 지원은 부족한 것으로 보이고, 현재 장암마을은 사업 추진 중일 때 구상했던 장암 칠보와 산수유 등을 마을지원으로 한 외부 관광객 유치와 영농법인 운영 등이 진행되지 않고 있어 마을경제가 활성화되고 있는 성공한 마을만들기 지구라고 보기 어려운 마을이다. 이에 조속한 시일 내 그 원인을 파악하여 치유해서 마을사업 추진 당시 자신감 있던 마을주민들의 모습을 되찾아야 주어야 하는 숙제를 안고 있는 마을사업 지구이다.

대산면 마산 마을의 경우는 마을단위사업으로 사업비 3억 9천만 원을 확보하여 2016년부터 본격적인 마을만들기를 시작하였다. 시설사업으로 함박체험마당, 체험숲길, 들녘풍경길 등 주로 경관 사업을 완공하였다. 이어서 연계 사업으로 2019년에 마을종합사업계획을 수립하여 중앙공모에 응모하여 10억 원의 사업비를 확보하였다.

우선 주민편의를 위하여 마을회관을 리모델링하고 마을경제 활성화를 위하여 농산물 간이 판매장을 건립하였고, 이*호 추진위원장이 매년 야심차게 추진하는 '갈마산 메밀꽃 축제'를 위한 산신령 쉼터 등 각종 경관시설도 조성하여 외부 관광객을 유치하여 주민소득창출로 이어지는 마을경제 활성화를 위하여 노력하는 함안군 마을만들기 선도마을이 되었으나 현재는 주민들이 활기가 급격히 줄어든 것으로 보인다.

법수면 윤내마을의 경우는 2015년 한 해 동안 추가 역량강화를 한 후 2016년 초에 위와 같은 절차를 거쳐 응모한 결과 2017년부터 시행하는 마을단위사업에 선정되어 사업비 5억 원을 확보하여 마을안 소류지 주변에 데크로드를 만들고 마을입구 진입로에 황금측백 나무길 등을 만들었다.

❸ 2015년 시행 사례

농촌마을재생사업 시행 3년 차에 접어들면서 주민 호응도가 높아져 예산을 추가로 더 확보하여 추진 대상을 20개 마을로 확대 시행하였다.

읍·면당 각 1~3개 마을 신청하도록 읍·면에서 자체 조정토록 안내하고, 함안군에서 대상마을을 심사할 때 파급효과와 주민참여도 등 주민역량 강화 마을 우선하고, 신청 시점에서 일반농산어촌개발사업 등 진행 중인 사업을 고려하였다. 그리고 사업시행시 권장사항으로는 주민과 방문객이 현실적, 가시적으로 공감할 수 있는 지역을 선택하고, 주민참여가 적은 단일사업은 금지하며 다른 사업과 복합 추진은 가능하도록 하였고, 전문가 몇 명 참여하는 장승제작, 벽화사업 및 단독적 간판 설치 등은 지양하도록 하였으며 특히, 최근에 국·도비 등 주요 사업을 지원받은 마을은 가급적 배제하였다. 이러한 조건을 적용하여 선정한 마을은 10개 읍면에 20개 마을이었다.

[표 2-7] 2015년 농촌마을재생사업 시행 마을

계	가야	칠원	함안	군북	법수	대산	칠서	칠북	산인	여항
20개 마을	돈산 동동	무기 돈담	대산 원촌	신창 평광	부남 내송	고원 동촌	본용성 진동	화천	부봉 어연	대촌 별천 청암

아래의 [표 2-8]은 2015년 사업의 경우로 세부 추진 일정표를 예시로 제시한 것으로서, '마을공동체 현장포럼'을 재생사업을 추진하는 모든 마을은 매년 1~2월에 의무적으로 실시하도록 하여 주민협의체의 화합과 배려의 중요성과 마을만들기의 기초역량을 강화하도록 하였다. 이 포럼은 발전협의회 위원장 정*식 교수는 공동체 분야를 맡았고, 실무계획가 윤*심 박사

는 마을경관개선 분야를 중점으로 하여 사업추진대상 마을회관에서 진행하였다.

[표 2-8] 2015년 농촌마을재생사업 세부추진 일정표 (예시)

일 정	주 요 내 용
2014. 11월 ~12월	▶ 마을별 사업신청(계획)서 접수 (마을 → 읍면) 　- 마을당 총 5,000천원 (역량강화사업비10% 편성) ▶ 농촌마을재생사업신청서 郡제출(1호서식) : 11월 말 ▶ 지방보조금 지원신청서 郡제출 (2호서식) : 11월 말 　- 지방재정법 개정으로 보조금 교부 시 필요서류 　※ 사업계획서 검토 등 대상마을 읍면 선정 협조 ▶ 대상 마을 확정 (군/ 20개 마을) : 12월 ▶ 마을공동체 현장포럼 준비 마을자원조사(군) : 12월
2015. 1월 ~ 2월	▶ 사업 설명회 개최 (군) : '14. 12~ '15. 1월중 　- 대상 : 마을 주민대표 3명, 부읍면장 및 담당자 　- 내용 : 사업목적, 추진방향, 회계 및 정산요령 등 ▶ '마을공동체 현장포럼'실시 (각 마을회관) : 1~2월 　- 대상 : 추진위원 및 마을주민 15~20명 정도 　- 내용 : 마을공동체조성, 마을경관개선 사례 등
2015. 2월 ~ 5월	▶ 포럼 실시 후 대상 마을사업시행 : '15. 2 ~ 5월 중 ▶ 사업추진 결과 현장 심사(다면평가) : '15. 5월 말경 ▶ 마을별 추진결과 및 보조금 정산 : '15. 5월 말경
2015. 6월 (균형집행)	▶ 우수마을 포상 및 추가 사업비 교부 : 6월 초~중 ▶ 포상금 추가 사업계획서 제출(마을⇒읍면⇒군) : 6월말
2015. 7월 ~ 9월	▶ 우수마을 추가 사업 추진 및 보조금정산 : 7월~ 9월 　- 사업점검 및 평가과정에서 다음단계 진입여부 판단
2015. 10월	▶ 최종 우수마을은 농식품부 마을사업 우선 공모신청

사업 완료 후 평가는 사업담당부서와 읍면 실무자가 심사위원으로 하여 현장방문 다면평가로 진행하였으며 심사결과 함안면 원촌마을이 1,126점으로 1위, 칠원 무기마을 1,020점으로 2위, 대산면 고원마을, 함안면 대사

마을, 법수면 부남마을, 군북면 평광마을 순으로 득점하였다.

다면평가 결과에 따라 예년과 같이 2014. 7. 1. 군민대학 시작 전에 군민들이 모인 가운데 우수마을 시상을 하고 수상마을은 추가 배정하는 포상금으로 추가 마을사업을 연말까지 추진하도록 하였다.

[표 2-9] 2014년 농촌마을재생사업 포상 현황

품 격	상 명칭	상사업비	마 을	비고
최우수상	농촌재생마을상	7백만 원	함안면 원촌마을	
우 수 상	공동체조성마을상	각 5백만 원	칠원읍 무기, 대산면 고원	
장 려 상	경관개선마을상	각 3백만 원	함안대사, 법수부남, 군북평광마을	

[그림 2-10] 2015년 농촌마을재생사업 우수 무기마을 (출처:함안군 내부자료)

2015년도에 입상한 마을이 수상한 포상금으로 추가 사업을 추진하면서 주민협의체에서 중앙공모 마을사업을 계속해서 추진하기로 중지를 모은 마을은 칠원읍 무기마을, 함안면 대사마을, 군북면 평광마을, 그리고 함안면 원촌마을이었다.

  칠원읍 무기마을은 추가 사업을 추진하면서 농촌현장포럼과 발전협의회 자문을 거쳐 2016년 초 중규모 마을사업에 응모하여 2017년 시행 마을사업비 5억 원을 확보하여 우선적으로 마을주민 편의를 위한 마을 길이면서 지역유산자원인 무기연당 진입로가 되는 안길을 정비하고 경관 숲길, 생태공원 등 마을 경관개선에 투자하였다.

  함안면 대사마을은 마을 주요 자원으로 대사리 석불과 무진정 낙화놀이를 활용한 마을사업 계획을 수립하고 농촌현장포럼과 발전협의회 자문을 거쳐 2016년 초 중규모 마을사업에 응모하여 2017년 시행 마을사업비 5억 원을 확보하였다. 무진정 낙화놀이 시즌에는 수만 명의 관광객이 오는 지역이라 마을시설사업을 문화 마당, 군민 쉼터 등 마을경관과 관광객 편의 시설에 초점을 맞추어 사업을 추진하였다.

  군북면 평광마을은 백이산권역의 마중물 사업으로 진행하여 마을사업비 3억 5천만 원을 확보하고 마을주민 편의를 위한 마을회관을 건립하였다. 이후 2018년 백이산마을권역 사업이 선정되는데 소속 마을로서 이바지하였다.

  최우수상을 받은 함안면 원촌마을의 경우에는 보다 큰 규모이 사업으로써 사업비 40억 원 규모의 파수권역창조적마을사업의 선도 마을로써 활약하여 인접한 4개 마을 연합체를 권역으로 구성하여 중앙공모에 응모하여 선정됨으로써 파수누림길, 활성화 센터 건립, 어울림 마당, 곶감 정원, 감나무 숲길 등 지역자원인 '임금님 진상 곶감 단지'를 활용한 경관 및 기반시설 등을 설치하여 도시민 방문객을 맞이할 준비를 하는 등 본격적인 마을만들기를 추진하기 시작하였다. 추진위원회가 주축이 되어 주민역량강화사업을 추진하면서 본 사업의 기본계획을 수립하고 시행계획을 수립하는 동안 주민들이 활기차게 마을만들기를 진행하였다.

그러나 사업 착수 후 약 4년이 지난 뒤 각종 시설물 등의 준공을 할 시점이 되어서는 당초 의도했던 마을 활성화에 미치지 못하고 있는 듯 보인다. 함안 파수곶감을 지역자원으로 하여 외부 관광객 유치와 마을법인 운영 등이 제대로 진행되지 않고 있어 마을경제가 활성화되고 있는 성공한 마을만들기 지구라고 보기 어려운 권역으로서 조속한 시일 내 그 원인을 파악하여 마을사업 추진할 당시에 자부심과 자긍심이 높았던 마을주민들의 모습을 되찾도록 하여 마을경제를 활성화해야 하는 과제를 안고 있는 권역이다.

❹ 2016년 시행 사례

2016년에는 지난해와 동일한 기준으로 시행하였으나 주민들의 요청에 따라 마을뿐만 아니라 아파트 지역 주변 정비도 신청할 수 있도록 개방하였다. 그리하여 당초에 신청한 20개 마을에서 아파트지역을 제외한 18개 마을을 평가대상 마을로 하여 기존 심사방식과 같이 심사한 결과 칠서면 안기마을이 1위, 산인면 대천마을이 2위, 가야 당산마을 3위, 칠북 덕촌마을 4위 칠서 창동마을 5위, 여항 두곡 6위, 봉곡 7위, 칠원 달전마을 8위 순으로 득점하였다.

[표 2-10] 2016년 농촌마을재생사업 채점표

심사자	가야		칠원			함안	군북	법수	대산		칠서		칠북		산인		여항	
	삼기	당산	달전	덕암	이현	장명	사촌	응암	부촌	구혜	안기	창동	유계	덕촌	대천	도천	두곡	봉곡
단장	74	106	108	76	82	84	92	80	84	76	112	102	64	102	94	80	98	84
담당자	72	108	106	74	88	82	88	76	82	76	112	104	62	102	92	88	96	88
전문가	62	100	94	96	86	78	94	80	84	62	112	98	56	112	110	66	90	82
가야읍			96	96	100	100	92	96	98	98	102	100	94	96	98	98	106	104
칠원읍	84	110				82	88	106	82	86	110	86	76	102	108	78	108	84
함안면	74	102	80	92	82		100	88	92	72	102	98	72	96	116	72	102	96
군북면	78	106	92	112	104	112		106	104	94	108	108	86	112	112	98	110	110
법수면	78	90	78	86	76	68	84		86	70	88	96	72	88	94	76	82	94
대산면	66	74	58	58	52	60	60	70			62	72	56	78	74	52	74	72
칠서면	70	88	80	76	66	82	78	64	82	60			62	84	82	64	80	88
칠북면	72	82	82	94	80	82	82	74	76	64	94	90			104	72	84	82
산인면	76	96	78	86	76	78	78	74	74	74	86	88	68	84			88	84
여항면	90	98	92	96	92	96	92	90	94	86	98	96	82	94	100	84		
총점	896	1,160	1,044	1,042	984	1,004	1,028	1,004	1,038	918	1,186	1,138	850	1,150	1,184	928	1,118	1,068
순위		3	8								1	5		4	2		6	7

다면평가 결과에 따라 여느 때와 같이 2016. 7. 6. 군민대학 시작 전에 군민들이 모인 가운데 우수마을 시상을 하였는데 참여 마을의 사기진작을 위해 장려상을 총 3개에서 5개로 2개 마을을 추가하여 포상하였다. 수상마을은 추가 배정하는 포상금으로 추가 마을사업을 연말까지 추진하도록 하였다.

[표 2-11] 2016년 농촌마을재생사업 포상 현황

품 격	상 명칭	상사업비	마 을	비고
최우수상	농촌재생마을상	7백만원	칠서면 안기마을	
우 수 상	공동체조성마을상	각5백만원	산인 대천, 가야 당산	
장 려 상	경관개선마을상	각3백만원	칠북 덕촌, 칠서 창동, 여항 두곡, 여항 봉곡, 칠원 달전	5마을

[그림 2-11] 2016년 농촌마을재생사업 최우수마을
칠서면 안기마을 (출처:함안군 내부자료)

    2016년도에 입상한 마을이 추가 포상금 사업을 추진하면서 주민협의체에서 중지를 모아 중앙공모 마을사업을 계속 추진하기로 한 마을은 칠서면 안기마을, 여항면 봉곡마을, 칠원읍 달전마을, 산인면 대천마을이었다.

    칠서면 안기마을 등 4개 마을은 상사업비로 추가 사업을 추진하면서 농촌현장포럼과 함안군 발전협의회 자문을 거쳐 2017년 초 중규모 마을사업에 응모하여 2018년 시행 마을사업을 3개 마을은 선정되어 사업비 5억 원을 확보하였으며, 산인면 대천마을은 사업계획의 적정성 등이 부족하여 선정되지 못하고 탈락되어 고배를 마셨다.

    주요 사업 내용을 살펴보면 안기마을은 우선하여 마을주민 편의를 위한 마을안길을 아름꽃길이라는 사업명으로 정비하였고, 마을 전설이 있는 할배 할매 당목 주변과 쉼터 등을 정비하여 주민들이 선호하는 깨끗한 마을을 만들었다.

　여항면 봉곡마을도 역시 마을주민 편의를 위한 마을안길을 봉화산 진입로 정비라는 사업명으로 정비하였고, 지역 유명인으로 이방실 장군 테마학습터라는 사업명으로 마을 경관 개선에 투자하여 마을 주민들에게 쾌적한 정주환경을 제공하였다.

　칠원읍 달전마을은 주민협의체의 의지로 마을내 소류지인 목안지 주변 복원, 소국화 관문, 생태또랑, 모듬살이 정비 등 전반적으로 마을경관 개선에 집중하여 아름다운 마을을 만들어 방문객을 상대로 마을경제를 활성화시키고자 시도한 마을이다. 달전마을처럼 중규모 마을사업으로 마을주민 정주생활 여건 개선 차원을 넘어서 마을경제 활성화까지 의도한 마을에 대해서는 시설사업 들을 설치하는 것과 동시에 마을만들기 중간지원 조직의 다양한 행정적 지원이 필요한 마을이라고 할 수 있다.

❺ 2017년 시행 사례

　2017년에도 매년 시행하는 것과 동일한 기준으로 가야읍 축암, 이곡, 도음마을, 칠원읍 유상, 유하마을, 함안면 강외마을, 군북면 의봉, 정암, 오곡마을, 법수면 부동, 백산마을, 대산 중암, 대암마을, 칠서면 내내, 송락마을, 칠북 영동마을, 산인 가산, 안인마을, 여항 좌촌, 대산마을 등 총 20개 마을이 참가하여 시행하였다.

[표 2-12] 2017년 농촌마을재생사업 시행 마을

계	가야	칠원	함안	군북	법수	대산	칠서	칠북	산인	여항
20개 마을	축암 이곡 도음	유상 유하	강외	의봉 정암 오곡	부동 백산	중암 대암	내내 송락	영동	가산 안인	좌촌 대산

20개 마을을 대상으로 하여 기존 심사방식과 같이 다면평가로 심사한 결과 최우수상을 받을 만큼 특출한 마을이 없어 우수상을 3개로 장려상을 6개마을로 하여 포상하였다. 우수상은 대산면 입사마을, 칠원읍 유상마을, 가야읍 도음마을이었고, 장려상은 함안면 강외마을, 법수면 부동마을, 군북면 오곡마을, 산인면 안인마을, 법수면 백산마을, 대산면 중앙마을이었다. 우수마을 시상은 2017. 7. 3. 정례조회에서 군청 직원들이 지켜보는 가운데 시상하였다.

[표 2-13] 2017년 농촌마을재생사업 우수마을 선정 현황

품격	상 명칭	상사업비	마을	비고
우 수 상	공동체조성마을상	각5백만원	대산면 입사, 칠원읍 유상, 가야읍 도음	3마을
장 려 상	경관개선마을상	각3백만원	함안면 강외마을, 법수면 부동마을, 군북면 오곡마을, 산인면 안인마을, 법수면 백산마을, 대산면 중앙마을	6마을

　2017년도에 입상한 마을이 추가 포상금 사업을 추진하면서 주민협의체에서 중지를 모아 중앙공모 마을사업을 계속 추진하기로 하여 농촌현장포럼과 함안군 발전협의회 자문을 거쳐 그다음 해 공모하여 2019년부터 시행하는 마을사업에 선정된 마을은 칠원읍 유상마을, 가야읍 도음마을, 함안면 강외마을, 군북면 오곡마을이며, 2020년부터 시행하는 사업에 선정된 마을은 대산면 중앙마을이다.
　칠원읍 유상마을은 공모사업으로 확보한 5억 원의 사업비로 자동차가 진입하지 못하는 좁고 꼬불꼬불한 마을안길을 정비하였고, 빈집을 철거하여 다목적 공용주차장을 조성하는 등 마을 전체를 안심마을로 만들었고, 이어서 농업기술센터의 소규모 마을공동체 사업 들을 확보하여 추가 사업을 진행하

는 등 선도적인 마을만들기를 추진하는 대표적인 마을로 성장하고 있다.

이러한 우수사례가 전방위로 확산되어 각종 마을사업을 추진하고 있는 다른 지역주민들이 벤치마킹을 지속적으로 오고 있는 마을이다.

이와 같이 칠원읍 유상마을은 추진위원장의 뛰어난 리더십을 바탕으로 한 우수 마을사업장이며 '함안군 마을만들기의 대표 마을'로서 성장할 수 있는 역량이 충분한 마을로 떠오르고 있다. 따라서 유상마을을 경남 지역 뿐만 아니라 전국적으로 자랑할 만한 마을로 성장시키기 위하여 함안군 중간지원 조직의 각종 프로그램의 마을 접목과 행정기관의 지속적 관심과 역할이 필요한 것으로 보인다.

가야읍 도음마을은 마을주민들이 즐길 수있고 편하게 쉴수 있는 건강 장수마당을 만들고 외동지 너나들이길이라는 사업명으로 저수지변 산책데크길을 만들어 지역주민들 건강관리 마을로 만들었으며, 함안면 강외마을은 슬레이트 지붕 및 노후되어 누수가 심한 지붕 개량과 마을 CCTV 설치 등으로 안심마을을 만들었으며, 군북면 오곡마을은 주민숙원사업이었던 마을회관을 증축하는 리모델링을 하였고, 마을공용 다목적주차장을 만들어 지역주민들의 정주생활여건을 개선하는 데 주력하였다. 이와 같이 공모사업으로 확보한 중규모 마을사업으로 지역주민들의 화합과 배려 등 마을공동체 활성화를 위한 각종 역량강화사업비와 시설 설계비 및 감리비 등을 제외한 나머지 예산은 방문객은 물론 마을주민 편의시설을 만드는데 투자함으로써 주민생활 정주여건 향상을 통한 마을 주민 삶의 질을 높이는데 주력하였다.

❻ 2018년 시행 사례

2018년에도 매년 시행하는 것과 동일한 기준으로 가야읍 도동, 신암마을과 아파트주변 경관 개선을 주제로 금강그린, 고려빌라, 남선아파트가

신청하였으며, 칠원읍 덕산, 운동마을, 함안면 동촌, 하파마을, 군북면 대암, 영운마을, 법수면 국계, 사평, 사정마을, 대산면 평림, 연산마을, 칠서면 향촌, 신기마을, 칠북면 외봉촌마을 등 8개 읍면에 19개 마을을 대상으로 시행하였다.

[표 2-14] 2018년 농촌마을재생사업 시행 마을

계	가야	칠원	함안	군북	법수	대산	칠서	칠북
19개 마을	도동, 신암 금강그린 고려빌라 남선아파트	덕산 운동	동촌 하파	대암 영운	국계 사평 사정	평림 연산	향촌 신기	외봉촌

사업완료 후 19개 마을을 대상으로 기존 심사방식과 같이 다면평가로 심사한 결과 최우수마을은 칠북면 외봉촌마을, 우수마을은 칠원읍 운동마을, 가야읍 신암마을, 군북면 영운마을이었고, 경관개선마을상은 가야읍 가야읍 도동마을, 칠서면 향촌마을, 함안면 하파마을, 법수면 사평마을, 대산면 연산마을이 입상하였다.

[표 2-15] 2018년 농촌마을재생사업 포상 현황

품격	상 명칭	상사업비	마을	비고
최우수상	농촌재생마을상	7백만원	칠북면 외봉촌마을	
우 수 상	공동체조성마을상	각5백만원	칠원읍 운동마을, 가야읍 신암마을 군북면 영운마을	3마을
장 려 상	경관개선마을상	각3백만원	가야읍 도동마을, 칠서면 향촌마을 함안면 하파마을, 법수면 사평마을 대산면 연산마을	5마을

2018년도에 입상한 마을이 추가 포상금 사업을 추진하면서 주민협의체에서 중지를 모아 중앙공모 마을사업을 계속 추진하기로 하여 농촌현장포럼과 함안군 발전협의회 자문을 거쳐 그다음 해 공모하여 2020년부터 시행하는 마을사업에 선정된 마을은 칠북면 외봉촌마을, 칠원읍 운동마을, 가야읍 신암마을이다.

최우수상을 수상한 칠북면 외봉촌마을의 경우는 마을단위사업보다는 당해 년도에 신설된 '농촌다움복원 사업'을 준비하게 되었다. 기초생화 기반사업으로 봉촌천 살리기, 빨래터 복원, 밀포나루 옛길 복원, 자교정 복원, 디리방아 복원, 마을 우물인 큰새미 복원, 당산제길 복원 등 옛 시골의 모습을 복원하는 사업으로 약 20억 원 사업비로 계획을 수립하여 함안군 발전협의회 심층적 자문을 거쳐 중앙공모에 응모하여 2020년부터 시행하는 사업으로 선정되었다.

칠원읍 운동마을과 가야읍 신암마을은 추가 포상금 사업을 추진하면서 농촌현장포럼과 함안군 발전협의회 자문을 거쳐 그다음 해 공모하여 2020년부터 시행하는 마을사업에 선정되었다. 칠원읍 운동마을은 역시 주민숙원사업인 마을회관 건립을 하고, 당초계획에 주민편의를 위한 마을안길을 넓히고자 하였으나, 다른 지역에 거주하는 지주의 반대를 수차례에 걸쳐 노력하였으나 설득하지 못하고 결국은 주민화합마당을 조성하는 것으로 전환하여 마을사업을 마무리하였다. 가야읍 신암마을은 마을자원인 신암서원과 연계한 선비공원을 조성하고, 새몰 마을샘터 복원, 사랑방 조성 등의 시설사업을 하였다.

이렇게 중앙공모로 선정된 마을사업들은 추진하여 마을 주민들의 정주생활환경을 개선하여 주민들에게 편의를 제공하였지만, 마을사업의 근본 목표인 마을경제와 연결하지는 못하고 있어 마을만들기 중간지원 조직의 역할이 필요한 것으로 보인다.

4 아라농촌마을 재생사업의 과거와 미래

이와 같이 아라농촌마을 재생사업은 매년 마을 20여 개를 선정하여 미래전략기획단장 주관으로 추진대상 마을 대표와 읍면 담당자를 대상으로 추진방안 등에 대하여 사전 설명회를 하고, 마을만들기 총괄계획가와 실무계획가 주관으로 마을회관에서 주민 기초역량 강화를 위한 예비 현장포럼을 실시한 후 배정된 사업비 5백만 원으로 무엇을 어떻게 할 것인가에 대한 마을사업계획을 마을주민 협의체가 자체적으로 기획하고 자발적으로 참여하여 아라농촌마을 재생사업을 시행하였다.

사업 완료 후 읍면 담당자들로 구성된 심사위원회의 심사를 통하여 우수마을을 선정하고 포상금으로 상사업비를 배정함과 동시에 정부 공모를 위한 마을사업 추진위원회를 구성하고 다음 연도 중앙공모사업을 준비한다. 이어서 농림축산식품부의 공식적인 농촌현장포럼을 실시하여 마을사업에 참여하는 주민들의 역량을 강화하면서 마을 발전계획을 수립하여 함안군 발전협의회 전문가 자문과 검토를 거쳐 이듬해 초에 상급기관에 공모신청을 하여 광역지자체의 심사를 거친다. 이어서 농식품부는 전국 인재 풀(talent pool)로 구성된 전문가 심사위원단을 구성하여 매년 상반기에 전국 120여 개 시군에서 응모하는 공모사업들을 심사하고 최종 선정한 뒤 기획재정부 예산을 확정받은 후 그해 하반기에 시군에 통보하면 시군은 대부분 한국농어촌공사와 위·수탁 계약을 맺고 그다음 해부터 기본계획 수립을 시작으로 본격적으로 마을사업을 시행하게 된다.

마을만들기 기초역량을 학습하는 마중물 사업으로써 아라농촌마을 재생사업은 농식품부 소관 일반농산어촌개발사업 중에 5억 원 상당의 중규모 마을사업[32]을 확보하는 데 매우 중요한 역할을 하는 등 마을만들기 기초역량강화사업으로 지대한 역할을 해왔다.

중앙공모에 선정되어 5억 원 상당의 중규모 마을사업을 확보한 마을은 마을주민 협의체가 주도적으로 시행하여 마을주민들이 간절히 바라는 마을회관 또는 복지관 등 주민공동이용 건물을 리모델링하고, 주민숙원사업인 마을 안길을 아름답게 만들고, 마을 또랑 등을 꾸미면서 마을 경관을 더욱 아름다운 마을로 만드는 등 쾌적한 정주생활 여건을 만들어 마을주민들 삶의 질을 향상시키는데 실질적인 역할을 하였다. 이러한 성과는 지역소멸 위기를 대응하는 인구유출을 억제하는 역할을 하기에 충분하였다.

필자가 수년간에 걸쳐 위와 같은 추진 과정으로 아라농촌마을 재생사업을 실시하면서 사업 추진 과정과 방식이 전국 어디서나 적용 가능하고, 어떤 사업이든지 주민주도형 마을사업인 경우에는 모두 적용할 수 있을 정도로 표준화하였다고 할 수 있다. 따라서 지역소멸 위기에 처해있는 농촌마을을 '살고 싶고 머물고 싶은 마을'로 만들기 위한 실효성 있고 실질적인 대응책으로써 함안군의 '아라농촌마을 재생사업'을 모델로 받아드려서 전국 어느 지자체에서나 추진해 볼 필요가 있을 것으로 생각된다.

....
32) 최근에 5억 규모의 마을사업은 일선 시군이 자체적으로 선정하고 시행하는 마을사업으로 추진한다. 그 이유는 농식품부가 농촌협약제도를 도입하면서 해당 사업의 투입 예산이 감소할 경우 패널티를 물도록 하고 일선 시군에 마을만들기 자치권을 주면서 사무를 같이 위임하였다.

함안군 마을만들기
실행사례 알아보기

 마을만들기 실행 프로그램인 이오(2-5)프로젝트를 시행하면서 성공적인 마을만들기와 지속가능성을 높이기 위하여 함안군만의 특별한 프로그램을 만들어 마을사업 추진 단계별로 접목하여 추진해 나갔다.
 먼저, 사업 착수 이전 예비마을을 대상으로 전문가가 참여한 예비 현장포럼을 실시하여 마을만들기의 이해를 위한 주민교육으로 실시하였고, 진입단계부터는 인근 대학과 관학협력을 통한 학생들의 마을참여를 유도하고, 주민들에게는 마을공동체 아카데미를 단계별로 진행하였다. 그리고 함안군 관내 마을사업장 리더들의 상호연계 협의체인 함안군 마을리더연합회를 조직하여 마을만들기 운동을 주도하였으며, 그리고 함안군 마을만들기 전문가협의체인 함안군 발전협의회는 공모준비 사업 시행과 평가에서 자문역할을 수행하였다.
 이와 같이 필자는 마을만들기의 성공적인 수행을 위해 전문가들의 참여를 적극적으로 권장하였으며, 지역공동체 아카데미 단계별 커리큘럼을 개발하여 마을사업장 주민을 대상으로 마을사업 진행 단계별로 마을리더 양성 교육을 하는 등 사업 착수 및 실행단계는 물론 사업 평가 단계에서도 전문가들이 적극적으로 참여하도록 추진하였다.
 그리고 필자는 마을리더연합회의 주민소득창출 및 지역홍보 사업으로 도시민 농촌 투어 프로그램인 트임(T-YM)사업을 개발하여 운영하였고, 함안군 발전협의회, 마을사업장의 모든 마을리더, 한국농어촌공사, 지역전문가 등 함안군 마을만들기 참여자 모두가 참석하도록 조치하여 진행한 '함안군 읍면·마을 권역 발전협의회 합동 워크숍'을 2013년부터 2018년까지 매년 개최하였다. 워크숍에서는 함안군 마을만들기 추진방향 제시 및 정부 정책 방향 등 각종 정보 및 공지 사항 공유, 전문가 특강 및 주제 발표, 각 마을사업장 추진 사항 보고회, 마을리더연합회 정기총회 등을 실시하였다. 이렇게 지역 주민 삶의 질 향상을 위해 시·군 단위에서 실천 가능한 효과적인 정책이 마을만들기라고 판단하고 추진한 함안군 마을만들기 사례를 차례로 소개하고자 한다.

🏠 1. 마을만들기 이오(2-5) 프로젝트를 실행하다

1 이오(2-5) 프로젝트의 탄생

함안군 관내 모든 마을을 기초마을과 진행마을로 2원화하고, 시행 절차를 5단계로 나누어 '함안군 마을만들기 이오(2-5) 프로젝트'란 이름으로 함안군 관내 모든 마을의 변화를 추구하기 시작하면서 함안군 마을만들기를 체계적으로 실행하였다.

우선 함안군의 250여 개 모든 마을을 '기초마을'로 하여 마을만들기 마중물 사업인 농촌마을재생사업 대상마을로 하였고, 재생사업을 신청하는 마을을 대상으로 매년 최대 20개 마을을 선정하고 마을만들기 기초역량을 강화하였으며, 이 사업에서 우수한 마을로 뽑혀 수상을 하게 되면 일반농 사업촌개발사업 중앙 공모를 신청할 수 있게 하였다. 중앙 공모에서 최종 선정되면 그 마을은 '진행 마을'이 되어 지역맞춤형으로 역량강화사업을 추진하였다. 마을역량의 단계를 5단계로 구분하여 단계별로 차별화된 커리큘럼을 진행하였다.

[그림 2-12] 함안군 마을만들기 이오프로젝트

함안군 마을만들기 이오(2.5) 프로젝트

2원화 타겟	기초 마을 (함안군의 모든 예비마을) > " 아라농촌마을 재생사업" 기초역량강화
	진행 마을 (일반농산어촌사업장 마을) > "지역 맞춤형 성과창출" 역량강화
5단계 전략	마을의 역량별로 5단계로 구분 : 예비 > 진입 > 발전 > 자립 > 전파
	진행 단계별 맞춤형 역량강화 추진 : 함안군 지역공동체 아카데미, 6차 산업 기반구축

5단계별 주요내용		예비	진입	발전	자립	전파
주요 사업	사업명	아라마을 재생사업	중규모 마을사업	종합개발 마을사업	소득증대 자체발굴	타 사업과 연계
	주관	함안군	농식품부	농식품부	지역주민	주민 + 함안군
달성 목표	H/W 사업	사업추진 기초역량	도농교류 기반구축	농촌주민 자부심 증강	농자원 복합자원화	자립경영 기반확충
	S/W 사업	마을공동체 구축 및 농촌경관 중요성	마을 공동체 주민 자긍심 고취	소득증대 기법교육	6차산업화 역량강화	타 마을 사례 전파

    1단계 '예비단계'는 농촌마을 재생사업을 하는 마을로서 마을공동체구축을 위한 기초역량을 강화하였고, 2단계 '진입단계'는 중앙 공모로 사업비 5억 원의 중규모 마을사업을 확보한 마을이며, 3단계 '발전단계'는 중앙 공모로 사업비 10억 원의 마을종합사업을 확보한 마을로서 각각의 달성목표는 도농교류 기반을 구축하여 주민자긍심을 고취하고 주민 소득창출을 위한 역량을 강화하였으며, 공모사업의 시설사업이 완료되고 나면 4단계로 소득창출 사업인 농자원복합자원화 사업과 6차산업의 본격적인 추진을 권장하여 마을만들기 지속성을 확보하고 마지막 5단계는 자기 마을에서 실행한 선진사례를 다른 마을로 전파하는 역할을 하도록 했다. 이 사업의 실행으로 마을 내 기초생활기반을 확충하고 농촌지역 경관을 개선하여 지역주민의 활력을 증진시켜 함안군 마을만들기 발전목표[33] 세 가지 중에 기초역

----
33) 함안군 마을만들기 비전은 '살고 싶고 머물고 싶은 함안'이며 세가지 발전목표는 아라공동체 확립, 주민소득증대, 주민자긍심 고취이다.

량을 강화하여 지역주민의 자신감과 자긍심을 고취하고자 하였다.

2 마을만들기 환류 체계를 만들다.

함안군 마을만들기 이오(2.5)프로젝트의 지속 가능한 발전을 성공적으로 달성하기 위해 필요한 지역주민 역량강화 함안군 특화 프로그램을 개발하여 이오(2.5)프로젝트 진행단계별로 접목하여 시행하였다. [그림 2-13]은 함안군 마을만들기의 특성화 프로그램을 접목시켜 지속가능한 체계를 구축하기 위한 환류(feedback) 체계도이다.

[그림 2-13] 함안군 마을만들기 환류 체계도

단계별	추진목표	지구명	마을수	기본프로그램	함안군 특성화 프로그램
예비	기초역량 (예비)	아라 마을	매년 20개	예비현장포럼	아라마을 만들기 자체사업
진입	역량강화 (1년차)	파수, 신창, 평광, 갈마산, 가야읍	6예비지구 34개마을	현장포럼	마을공동체기초교육 지역별주민맞춤형교육
발전	기반구축 (2~3년차)	군북면, 법수산, 장포, 무릉, 칠원읍, 입곡권역	6개지구 24개 마을	현장포럼, 리더교육, 선진지견학	함안군아라공동체아카데미운영 마을리더연합회네트워크활성화 관학협력단학생주민소통교류 함안군발전협의회 정기운영 소득증대를위한6차산업교육
자립	종합발전 (4~5년차)	함안면, 대산면, 여항산권역, 이령권역	4개지구 24개 마을	리더교육, 선진지견학, 컨설팅, 홍보마케팅	
전파	활성화및전파 (완료)	월촌권역	1개지구 5개 마을	주민, 리더교육 홍보 마케팅	6산업특성화교육, 인성학교 대학인재양성, 타마을전파

자체 성과 평가실시로 이오(2.5) 프로젝트 우수사례 환류 시스템 구축 및 전방위 확산

※ 지구명과 마을수는 본 체계도 제작 당시의 현황이며, 진행 정도에 따라 현황이 달라짐

함안군 마을만들기 이오(2.5)프로젝트에서 '예비단계'는 아라농촌마을 재생사업 신청마을 매년 20개 마을을 대상으로 예비 현장포럼을 실시하고, 사업비 5백만 원을 보조하여 아라농촌마을 재생사업을 시행하도록 하였

고, 진입단계는 중앙공모로 선정된 마을사업 1년 차 마을로서 농식품부 4회차 농촌현장포럼과 마을공동체 활성화 5회차 교육[34]을 실시하고 지역별로 맞춤형 교육을 추가로 실시하였다.

다음은 2~3년 차 '발전단계'는 마을사업을 본격적으로 추진하여 마을만들기 기반을 구축하는 단계로서 마을리더 교육과 선진지 견학 등을 실시하였고, 4~5년 차 '자립단계'는 마을만들기 종합발전단계로서 마을경제 활성화 기반을 구축해야 하는 단계로서 주민소득창출을 위한 컨설팅, 홍보 마케팅 등의 교육을 시행하였다. 현실적으로 마을사업은 사업비와 규모에 따라 사업 기간이 2년부터 5년까지 각각 다르다. 따라서 발전단계와 자립단계는 사업 준공기간을 감안하여 반영하였다. 양 단계에서 공통적으로 적용한 특성화 프로그램으로서 공동체아카데미, 마을리더연합회 네트워크 활성화, 관학협력단 학생주민소통 교류 프로그램 운영, 사회적약자 공동체프로그램 운영, 소득증대를 위한 6차산업 교육, 그리고 이러한 특화프로그램의 원활한 진행을 위하여 자문기구인 함안군 발전협의회의 활성화를 추구하였다. 끝으로 '전파단계'로서 마을만들기 우수사례를 다른 지역으로 확산시켜 지역사회 전체의 발전으로 이어질 수 있도록 하기 위한 단계로서 역시 6차산업 교육과 리더 교육, 홍보 마케팅 교육, 인성학교와 연계 등을 중심으로 시행하였다. 이러한 전파 단계를 넘어 환류 체계를 구축하여 각종 장단점을 발굴·수정·보완하여 지속 가능한 마을만들기 피드백 시스템이 확보될 수 있었다.

이와 같이 예비 진입 발전 자립단계에 있는 마을사업들의 추진사항 정기 보고회 및 전문가 진단을 통한 자문과 각종 문제점 개선 등 사업 추진 과정의 피드백 체제를 확립하고 객관적인 성과 진단을 위해 함안군 관내 각 마을사업장의 주민 설문조사를 실시하여 함안군 마을만들기에 대한 문제점

----

34) 농식품부 농촌현장포럼으로 공식적인 4회차 교육을 시행하고, 게다가 5회차로 공동체 교육을 추가로 실시하였다. 주요 내용은 갈등관리, 주민 화합, 주민협의체 역할 등 마을공동체 활성화 이었다.

및 개선점을 피드백하여 차년도 공모사업 예비계획 등에 반영하는 평가체제를 구축 운영하였다. 성과평가체계는 크게 정량적 평가와 정성적 평가를 위한 지표로 구분하여 마을사업의 준비단계, 진행과정 그리고 사후 성과들을 종합적으로 평가하고, 그러한 성과들을 지속적으로 관리할 수 있는 성과평가 관리체계를 개발하여 운영하였다.

🏠 2. 마을공동체 아카데미를 실행하다

1 마을만들기 관학 협력

함안군은 경남에서 최초로 경남대학교와 마을만들기 관학 협력을 맺었고, 또한 함안군 소재 많은 기업체에서 인접한 마을과 상호 자매결연을 맺고 서로 화합하는 마을공동체 활성화에 기여하였다.

[그림 2-14] 함안군과 경남대학교 관학협약서와 기념사진 (출처:함안군 내부자료)

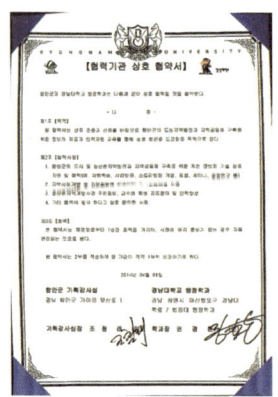

마을만들기 관학협력단 운영을 통해 농촌마을 어르신과 지역사회개발을 전공하는 학생들 중심으로 상호 교류와 소통으로 도농 교류 기반을 구축하는 데 이바지한 바 크며, 관학협력 대학교 전문가는 지역사회발전에 대한 자문은 물론 역량강화 프로그램에도 참여하였다. 게다가 자매결연 기업체는 물심양면으로 결연 마을과 마을사업을 지원하여 농촌마을에 활기를 불러일으켰으며, 기업과 농촌마을이 공존할 수 있는 계기를 마련하는 등 민관산학의 연계협력적 마을만들기를 추진할 수 있는 계기가 되었다.

[그림 2-15] 함안군과 경남대의 관학협력 사업의 활발한 운영 (출처:함안군 내부자료)

입곡권역 현장학습(2014. 4. 15.)　　　　법수산권역 현장학습(2015. 5. 13)

2 마을 공동체 아카데미

　　마을만들기의 성공을 위해 무엇보다도 중시되는 것은 '주민역량'이라는 것을 누구도 부인하지 못하는 사실이다. 이러한 주민역량이 마을발전 동기가 되고 마을역량이 지역사회발전 동기가 되며, 지역사회역량이 시·군 발전의 동기가 된다. 그리고 그 가장 근원에 주민들의 화합과 배려하는 공동체 정신이 있다. 이에 따라 마을만들기의 성공과 실패는 주민협의체의 공동체 의식에서 좌우된다고 확신하여 마을공동체 아카데미를 설치 운영한 것이다.

이와 같이 함안군 마을만들기의 성공적인 시행과 주민주도의 상향식 농촌개발 및 지역사회 발전을 위하여 주민들을 마을리더로 양성하는 지역주민역량 강화에 목적을 두고 참여하는 주민, 실천하는 주민, 꿈을 가진 미래지향적 주민 상을 확립한다는 목표로 기초과정과 심화과정으로 설계하여 '지역공동체 아카데미'를 운영하였다.

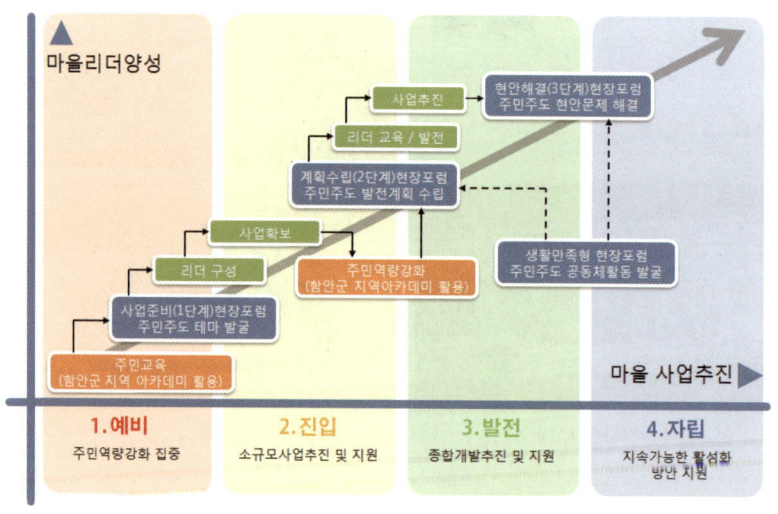

[그림 2-16] 마을만들기 진행 단계별 아카데미 진행도 (출처:함안군 내부자료)

먼저 공동체 아카데미 1차 기초교육은 '농촌마을만들기의 이해'를 주제로 하여 마을만들기의 주체이면서 수혜자인 마을 주민들에게 마을사업에 대한 일반적인 기초 지식을 학습시키는 데 목적을 두었다. 주요 학습 내용으로는 마을만들기의 배경과 중요성 및 특성을 이해하고 정부가 추진한 마을사업의 실패 사례들을 통해 마을사업의 성공과 실패의 요인들이 무엇이 있는지를 이해하는 데 초점을 두었다.

[표 2-16] 공동체 아카데미 1차 기초교육 주제와 학습목표

수업주제	학습목표	학습방법	비고
농촌 재생의 의의 해당 지역의 특성	농촌 재생의 이해 지역 애착심 고취	강의와 토론 경험학습	
농촌마을만들기의 특성	마을만들기 특성과 사람만들기 중요성	강의와 토론	
마을만들기의 방법 및 마을 사업 추진과정	성공과 실패의 요인 이해	사례연구 모둠학습	

공동체 아카데미 2차 기초교육은 '행복마을공동체 구축'으로 하여 지역공동체(community)의 개념, 이념, 철학 등을 이해하고, 행복한 마을공동체를 만들기 위한 방법과 전략들을 학습한다. 특히 마을공동체의 구성원으로서 마을 주민들의 권리와 의무를 인식시키고 자립적 지역발전의 측면에서 마을만들기의 주인정신을 함양시키는 데 수업의 목적을 두었다.

[표 2-17] 공동체 아카데미 2차 기초교육 주제와 학습목표

수업주제	학습목표	학습방법	비고
지역공동체의 의의	지역 공동체의 기초 개념 이해	강의와 토론	
지역공동체의 특성	공동체정신 함양	참여 및 관찰학습	
행복마을공동체 구축 전략	마을공동체 구축 방법 및 중요성 확립	모둠학습 사례소개	

공동체 아카데미 3차 기초교육은 '리더십(leadership)과 팔로워십(followership) 훈련'으로 마을만들기와 지역공동체 구축을 위해 마을지도자와 주민들의 자기 역량을 강화시키는 데 목적을 두었다. 주요 학습 내용으로는 리더십과 팔로워십의 기본개념과 중요성을 이해하고 이러한 자질을 향상시키는 기술을 훈련한다. 이를 통해 주민협의체 일원으로서의 주체 의식을 함양하고 자기 책임성을 확립하는 데 학습 목표를 두었다.

[표 2-18] 공동체 아카데미 3차 기초교육 주제와 학습목표

수업주제	학습목표	학습방법	비고
마을만들기와 리더십	리더십 개념 이해 리더십 중요성 이해	강의와 토론 사례소개	
마을만들기와 팔로워십	팔로워십 중요성 이해 참여의 중요성 인식	참여 및 관찰학습	
리더십/팔로워십 연습	공동체 의식 증대 자기 책임성 확립	모둠학습 실습	

공동체 아카데미 4차 심화교육은 '우리 마을 스토리텔링 만들기'는 잊혀가는 마을의 역사와 문화를 재생시키고, 우리 마을에 현존하는 유·무형의 자랑거리들을 이야기로 만들어 보는 데 목적을 두고 있다. 이를 통해 우리 마을에 대한 애착심과 정체성을 높이고 마을자원을 효과적으로 활용하여 마을 발전에 기여하는 방법과 전략을 학습하는 목표를 두었다.

[표 2-19] 공동체 아카데미 4차 심화교육 주제와 학습목표

수업주제	학습목표	학습방법	비고
스토리텔링이란?	마을 스토리텔링 개념과 중요성 이해	강의와 토론 사례소개	
마을의 유/무형 자원 발굴	마을 애착심과 정체성 고취	참여 및 관찰학습	
우리 마을 스토리텔링 만들기	주인의식 함양 자원활용지식 습득	모둠학습 실습	

공동체 아카데미 5차 심화교육은 '지역공동체 구축의 종합적 접근'으로 마을만들기의 기본 역량으로 요구되는 마을공동체 의식을 함양하기 위하여 기초과정에서 학습한 마을만들기 기본지식, 지역공동체의 이념과 철학, 그리고 리더십과 팔로워십의 제 요소들을 종합적으로 이해하고 연계학습을 통해 주민주도의 마을만들기 계획 수립과 성공적인 수행을 이해하는 데 학습 목표를 두고 있다. 이를 통해 주민 스스로 마을공동체의 일원임을 확신하고 자긍심을 고취하고 자기 책임성을 확립하고자 하였다.

[표 2-20] 공동체 아카데미 5차 심화교육 주제와 학습목표

수업주제	학습목표	학습방법	비고
마을만들기의 이해 기초 소양교육	주민주도 마을만들기와 지역공동체 구축	강의와 토론 사례소개	
리더십/팔로워십의 활용 방법	사업성공 위한 리더십과 팔로워십 함양	사례소개	
지속가능한 마을공동체 만들기 종합적 접근	공동체 정신 함양 자기 책임성 확립	현장체험학습 종합토론	

공동체 아카데미 6차 심화교육은 '지역공동체 활성화 실행사업'으로 성공적인 마을사업의 실행을 위해 가장 중요시되는 마을공동체 활성화를 위한 실천 사업 교육과정으로서 마을신문 만들기, 마을 박물관과 전시관 등 마을 시설물 건립, 그리고 마을만들기 지속 발전 가능성과 매우 밀접한 관계가 있는 마을법인의 설립 방법과 절차 및 중요성에 대해 학습한다. 이러한 마을공동체적 산물들은 건강한 지역공동체를 기반으로 할 때 지속성을 담보할 수 있는 것이며, 나아가서는 더욱 활성화된 지역공동체와 마을경제 발전에 이바지하는 전략적 수단임을 학습하였다.

[표 2-21] 공동체 아카데미 6차 심화교육 주제와 학습목표

수업주제	학습목표	학습방법	비고
마을신문 만들기	마을공동체 활성화 지역 정체성 확립	강의와 토론 실습	
마을박물관, 전시관 마을 홍보관 건립	마을 정체성 확립 주민 자긍심 고취	강의와 토론 실습	
마을법인 설립과 운영 지역 소득창출 및 증대	마을경제 활성화 마을만들기 지속성 확보	강의와 토론 실습	

이와 같이 경남대학교와 관학협력을 맺고 지역사회발전을 공부하는 학생들이 함안군의 마을사업장을 차례로 방문하여 우수사례와 미흡사례 등을 학습하고 마을주민들과 교류하는 등을 통하여 농촌마을에 활력을 불러일으켰으니, 학생들은 현장체험을 통하여 보다 생생한 학습을 할 수 있었다.

그리고 지역주민역량강화를 위한 마을공동체 아카데미를 설립 운영하여 보다 체계적으로 주민역량을 강화함으로써 함안군 마을만들기 성공률을 한층 더 높이는데 이바지하였다고 볼 수 있다.

이와 같이 함안군은 지금까지도 많은 마을들이 주민 스스로 자기 마을의

경관을 아름답게 만들고 있으며, 함안군만의 독자적인 주민단체인 함안군 마을리더연합회는 현재 구성원을 확대하여 운영되고 있으며, 또한 각종 마을사업을 확보하기 위하여 노력하는 마을은 물론 주민소득창출 사업도 스스로 시도하는 마을들이 다수 발견되고 있는 등 이러한 주민자치역량은 타 시군에서는 찾아보기 어려운 행태라고 할 수 있을 정도로 함안군의 체계적인 공동체 아카데미 주민역량강화 교육의 효과는 매우 컸다고 할 수 있다.

🏠 3. 함안군 마을리더연합회를 결성하다

2014년에 필자는 경남 최초로 함안군 관내 11개 일반농산어촌개발 마을사업장의 추진위원장, 부위원장, 사무국장 등 주민협의체 대표들로 구성하여 「함안군 마을만들기 지원 등에 관한 조례」 제19조에 의거 '함안군 마을리더연합회'를 구성하였다.

[그림 2-17] 2014년 마을리더 엽합회 구성 협약서 와 관련사진 (출처:함안군 내부자료)

마을리더연합회 협약서

함안군 발전협의회와 마을리더 협약기념사진

그 이후 함안군은 농식품부 일반농산어촌개발 공모사업을 계속해서 경남에서 최고로 확보함에 따라 2016년에는 20개 마을사업장, 그리고 2019년에는 40개 마을사업장으로 확대하여 운영하였다. [표 2-22]는 2019년 마을리더연합회 마을사업장 현황이다. 임원진은 회장1, 부회장2, 감사2, 운영위원은 임원진이 없는 읍면에 두어 4명을 구성하였다.

마을리더연합회는 일반농산어촌개발사업 각 마을사업장 간에 도시민 유치 네트워크 시스템을 구축하고, 마을 발전 방안에 대하여 토의하고, 사업장별 마을경제 연계협력 체계 확립, 각종 정보의 교환 등을 통하여 마을만들기를 성공적으로 실행함으로써 마을주민은 물론 군민 모두의 삶의 질 향상에 이바지함을 목적으로 설립 운영하였다.

[표 2-22] 2019년 함안군 마을리더연합회 마을사업장 현황

사 업 명			사업비 (백만 원)	사업 기간	비고
합계 : 40개 지구			103,845		
읍 면 중심지 활성화		가야읍 중심지	8,000	2016~20	
		칠원읍 소재지	6,900	2014~17	
		함안면 소재지	7,000	2013~16	
		군북면 중심지	5,414	2015~19	
		법수면 중심지	6,000	2018~22	
		대산면 소재지	7,000	2013~16	
		칠서면 중심지	6,000	2017~21	
		산인면 거점육성	4,000	2019~23	
창조적 마을 만들기	가야	도음 마을	500	2019~20	
	칠원	달전 마을	500	2018~19	
		무기 마을	500	2017~18	
		장암 마을	936	2016~17	
		유상 마을	500	2019~20	
	함안	강지 마을	500	2018~19	
		대사 마을	500	2017~18	
		강외 마을	500	2019~20	
		파수권역	4,000	2016~20	
	군북	백이산권역	4,000	2018~22	
		사촌 마을	500	2017~18	
		신촌 마을	500	2017~18	
		신창 마을	500	2017~18	
		평광 마을	350	2016~17	
		오곡 마을	500	2019~20	
		월촌권역	-	2006~10	10년이전
	법수	법수산권역	3,634	2015~19	
		응암 마을	500	2018~19	
		윤내 마을	500	2017~18	
	대산	장암권역	4,000	2017~21	
		장포 마을	500	2015~16	
		갈마산 마을	391	2016~17	
	칠서	안기 마을	500	2015~17	
		무릉 마을	873	2015~17	
	칠북	이령권역	5,600	2012~17	
	산인	입곡권역	3,460	2014~17	
	여항	여항산권역	4,280	2013~17	
		봉곡 마을	500	2018~19	
		외암신규마을	589	2014~15	
새뜰마을사업	법수	윤외지구	3,373	2015~17	
	여항	독뫼지구	2,170	2016~18	
창원 연계 사업		낙동강변3Co	7,015	2015~20	
함안군 전역		도농 한마음	860	2016~18	

[그림 2-18] 함안군 마을리더연합회 정관

함안군 지역발전특별회계 지역발전사업
마을만들기 리더연합회 운영규약

최초제정: 2014. 12. 04.
일부개정: 2016. 03. 03.

제1조(목적)
이 규약은 지역발전특별회계 지역발전사업(농식품부 일반농산어촌개발사업, 지역발전위원회 지역행복생활권사업 등) 등으로 추진하는 함안군 관내 각종 마을만들기 사업장 리더 연합회(이하 "마을리더 연합회"라 한다.)의 구성 및 운영에 관한 사항과 「함안군 마을만들기 지원 등에 관한 조례」에서 규정한 각종 마을만들기 사업의 추진을 위하여 필요한 사항을 규정함을 목적으로 한다.

제2조 (구성)
① 회원은 다음과 같이 구성한다.
1. 사업이 추진 중이거나 완료된 지구의 위원장과 사무장
2. 마을만들기사업 추진위원장의 직무를 1년 이상 수행한 자
3. 마을만들기사업 전문가로서 군수가 추천 하는 자
② 마을리더 연합회에서 인정할 경우 지역발전사업 이외에 각종 마을만들기 사업장의 리더를 회원으로 구성할 수 있다.

제3조 (임원 등)
① 임원 등
1. 회장, 부회장, 사무국장 각 1인으로 한다.
2. 회장, 부회장은 회원 중에 호선하고, 임기는 각 2년으로 한다.
3. 사무국장은 회원 또는 지원자 중에 제5조의 의결을 거쳐 임명한다.
② 임원의 임무
1. 회장은 마을리더연합회를 대표하며 추진사업을 총괄한다.
2. 부회장은 회장의 직무를 보좌하고 회장 유고시 직무를 대행한다.
3. 사무국장은 회의내용 등의 기록 유지, 추진사업의 관리 등 마을리더 연합회 집행사무를 수행한다.

제4조 (재정 등)
① 회비 징수
1. 회비의 금액은 마을리더 연합회 정기회의를 통하여 정한다.
2. 각종 사업추진을 위해 필요한 경우 특별회비를 징수할 수 있다.
② 자체 수입금
1. 체험 등 자체 추진사업의 수입금이 발생할 경우 재정으로 충당한다.
2. 자체사업을 추진할 경우 법인을 구성하여 추진함을 원칙으로 한다.

제5조 (의사 결정 등)
① 회의 등
1. 마을리더연합회의 회의는 정기회와 임시회로 구분한다.
2. 정기회는 분기별로 개최함을 원칙으로 하고 회장이 소집한다.
3. 임시회는 회장이 필요하다고 판단할 경우, 회원 3분의 2이상이 요구가 있는 경우, 함안군 또는 함안군발전협의회의 요청이 있는 경우.
② 의결 등
1. 재적위원 과반수의 출석과 출석위원 과반수의 찬성으로 의결한다. 다만, 가부동수일 경우에는 부결된 것으로 본다.
2. 회의 내용 및 결과 등을 기록하고 유지 관리하여야 한다.

제6조 (추진 사업 등)
①「함안군마을만들기지원등에관한조례」에서 정하는 각종 마을사업
② 방문, 체험 등 각종 마을사업 등의 네트워크식 연계협력 사업.
③ 군 단위로 시행하는 지역발전사업 등 각종 마을만들기 사업
④ 일반농산어촌개발사업과 행복생활권 사업의 성공적인 추진을 위한 정보 교류, 상생협력사업, 회원간 친목도모, 공동체 활성화사업 등

제7조 (자문 및 협의)
① 제6조의 사업을 추진하기 위해서는 계획수립과정에 함안군발전협의회의 자문 또는 함안군의 의견을 들어야 한다.
② 추진사업과 관계되는 군 담당부서와 협의하여 추진해야 한다.

제8조 (기타)
① 본 규약에 정한 내용 이외에 각종 필요한 사항은 마을리더연합회 회의를 통하여 따로 결정하여 시행한다.
② 제1항의 내용이 중대하다고 판단될 경우나 본 규약을 개정하고자 할 경우에는 함안군의 의견을 들어야 한다.

4. 농촌 마을 투어 '트임'을 실행하다

1 트임(T-YM)의 탄생

필자가 마을사업장을 기반으로 함안군 역사 문화 기억을 연계하여 투어하는 프로그램으로 만든 '트임'은 도시민의 어린이가 부모와 동반하여 함안을 찾아와서 함안의 역사문화 자원과 농촌마을사업장의 체험을 하게 되면 '자연과 트이고', '아이와 트이고', '인성도 트이고', '숨통이 트이고', '대운도 트이고', '미래가 트인다'라는 의미들로서 순우리말인 '트임'이라는 이름으로 탄생하였다. 또한 영어로 'T-YM'은 'Tour for You and Me'를

줄여서 약자로 표기한 것이다. 추진 주체인 마을리더연합회의 트임 깃발과 트임 로고이며 상표 등록도 완료하였다.

[그림 2-19] 트임(T-YM) 로고와 마을리더연합회 트임 깃발

함안군 마을리더연합회가 트임사업을 주체적으로 운영하면서 사용하는 깃발

이 사업은 농식품부 일반농산어촌개발사업 지역창의아이디어 공모사업으로 선정된 '도농한마음 역사문화 연계협력 프로젝트' 사업을 모(母)사업으로 만든 도시민 농촌마을 투어 사업으로서 농촌 마을사업장의 각종 농촌마을 체험을 중심으로 함안만의 역사적 문화적 자원을 활용하여 연계 협력형으로 진행한 소프트웨어(software) 사업이다.

트임이 탄생하게 된 동기는 2016년 당시 함안군은 아라가야 말이산 고분군 유네스코 등재라는 중요한 과제를 가지고 있었기 때문에 아라가야 역사 문화의 중요성이 강조되고 있었으며, 함안은 아라가야의 왕도(王都)라는 역사적인 도시인 점들이 특수한 자원으로 활용되어 방문객은 농촌마을과 역사 문화를 함께 즐기고 체험할 수 있는 장점이 있었다. 이런 특별한 사유로 다른 지역사업들보다 경쟁력이 매우 높다고 판단했기 때문에 공모사업 예비계획을 수립하고 경남도의 심사를 거쳐 응모하여 선정된 농식품부 국책 사업이었다.

모(母)사업인 '도농한마음 역사 문화 연계협력 프로젝트' 사업의 세부 사업들 중에 소프트웨어(s/w) 사업으로 계획된 '도농한마음 농촌투어' 사업의 호칭을 트임(T-YM)으로 하였다. [표 2-23]은 도농한마음 농촌투어 '트임(T-YM)' 사업의 모(母)사업의 개요로서 하드웨어 사업은 함안박물관 주변에 야외공연장과 역사문화 체험 학습터를 만드는 것이고, 소프트웨어사업으로 아라문화제 때 하늘에 제를 올리는 '아라가야 천신제'와 아라가야와 왜(일본)의 관계를 재조명한 '진정의 발자취', 그리고 '도농한마음 농촌 투어' 사업이 트임(T-YM)으로 불리면서 실행되었다.

[표 2-23] 트임(T-YM)의 모(母)사업 개요

〈도농한마음 농촌투어 '트임(T-YM)' 사업 개요〉

◎ 사업 유형 : 농림축산식품부 시·군 창의 아이디어 공모사업
◎ 모(母)사업명 : 도농한마음 역사문화 연계협력 프로젝트
◎ 사업 위치 : S/W: 함안군 전지역 H/W: 함안군 박물관 주변,
◎ 사업 기간 : 2016년 ~ 2018년 (3년간)
◎ 세부 사업
　　- H/W : 박물관 인접 야외공연장 리모델링, 역사문화학습터
　　- S/W : 아라가야 천신제, 진정의 발자취, 도농한마음 농촌투어
◎ 사 업 비 : 860백만 원 (국비 602, 지방비 258)

2 트임(T-YM)의 실행

트임(T-YM)은 함안군 마을사업장 체험과 아라가야 역사문화를 접목하도록 추진하였고, 함안군을 방문하는 도시민들에게 타 시군과 차별화되는 농촌 어메니티와 시골 문화가 함께하는 함안만의 추억여행을 제공하였다.

숙박을 제공하여 방문객 체류시간을 증가시키고 마을사업장 간의 연계성 등도 고려하여 함안군 농촌지역 주민들의 소득 증대에 이바지하고자 하였다.

사업 주최는 함안군 마을사업장 추진(운영)위원회 리더들로 구성된 함안군 마을리더연합회가 시행하였으며 마을리더의 각 마을사업장 소득창출과 마을경제 활성화 역량을 강화시키는 프로그램으로 활용되었다.

트임 사업 추진 예시로 지난 2018년 하반기 3개월 동안 총 8회에 걸쳐 운영한 결과를 소개하면, 참가인원 총 250명이었고 지역별로 창원 126, 김해 70, 부산 18, 진주 10, 대구·통영 등 기타 10명이었다. 1박2일의 일정을 마친 후 참가자 평균 만족도 설문조사를 한 결과 5점 척도에서 4.68점을 기록하여 참가자 모두 매우 만족하는 것으로 조사되었다.[35] 주요 체험 및 방문 코스는 마을사업장 농촌체험장소로 여항산권역마을사업장, 입곡권역마을사업장과 마을단위사업장의 체험, 역사문화장소로 함안 박물관과 말이산 고분군 탐방, 승마공원에서 승마체험 등을 실시하였다.

----
35) 사업 시행 종료 때마다 참여자 전원을 대상으로 만족도 설문조사를 실시하여 나온 결과임.

[그림 2-20] 트임(T-YM) 팜플렛 앞면과 뒷면

3 트임(T-YM)의 사례 소개

함안군 마을리더연합회가 주관하여 함안군 아라가야 역사문화자원인 함안박물관, 말이산 고분군의 볼거리와 농촌마을사업장의 체험거리를 함께 투어한 사례를 구체적으로 소개한다.

사업 기간은 약 4주간 회당 총 30명씩 1박 2일로 진행되었으며 9월 한 달간 총 4회를 운영했으며 총 120명이 참여하였다.

[그림 2-21] 트임(T-YM) 진행 도면과 지도 (출처: 함안군 내부자료)

[표 2-24] 트임(T-YM) 시간표 예시

일시		프로그램
1일차	14:00	함주공원 주차장 집결 (기차편 도착은 함안역)
	14:00~16:00	[함안농촌체험] 동동바구 체험농장
	16:00~17:30	[문화체험] 승마체험(함안승마공원)
	17:30~18:30	[역사 문화체험] 함안면 소재지 마을사업장 지구 역사문화자원인 무진정 투어
	18:30~19:30	석식
	19:30~20:30	[농촌체험] 여항산마을권역 문화센터 (소망등 날리기, 음악회, 농촌숙박체험 등)
	20:30~	숙소배정 및 취침
2일차	~08:30	조식 – 여항산농가밥상
	08:30~10:00	[함안군 역사문화체험] 박물관, 말이산 고분군 둘러보기, (아라가야 역사투어)
	10:00~11:30	[함안농촌체험] 입곡군립공원 힐링투어 입곡 마을권역 사업장 손두부 체험 등
	11:30~12:30	중식 및 해산

함안군 가야읍 동동바구 체험농장 일원에서 함안농촌체험 프로그램으로 약 2시간 정도 진행하였으며 블루베리 체험, 체험농장투어, 블루베리 잼 만들기, 다육식물 만들기 체험 등을 실시하였다.

[그림 2-22] 가야읍 동동바구 체험농장[농촌체험] (출처:함안군 내부자료)

농특산물 체험프로그램 (블루베리 체험, 블루베리 잼 만들기 프로그램 등), 체험농장투어, 다육식물 만들기 체험 등을 실시하는 모습

함안군 가야읍 함안승마공원에서 실시한 승마체험 행사로 승마체험 및 사진찍기, 조랑말 먹이주기 체험 등 약 2시간 정도 동안 진행한 함안문화체험 프로그램이다.

[그림 2-23] 가야읍 함안승마공원 승마체험 [문화체험] (출처:함안군 내부자료)

승마체험 및 사진찍기, 조랑말 먹이주기 체험 등

함안면 소재지 정비사업 마을사업장은 최근 낙화놀이로 유명한 무진정[36] 역사탐방 및 포토존 기념사진 등을 약 1시간에 걸쳐 진행하였다. 조선시대의 문신 무진(無盡) 조삼(趙參)이 기거하던 곳으로 '무진정'이라는 편액의 글씨는 신재(愼齋) 주세붕 선생 자필로 추정하고 있다.

[그림 2-24] 함안면 소재지마을사업장무진정 관람[문화체험] (출처:함안군 내부자료)

매년 사월 초파일 부처님 오신날 무진정에서 함안군 낙화놀이 행사를 한다.

---

36) 1976년 12월 20일 경남 유형문화유산으로 지정되었고 최근 낙화놀이로 전국적으로 유명세.

[그림 2-25]는 여항산마을권역단위 마을사업장에서 함안농촌체험 프로그램으로서 여항저수지 둘레길, 우렁이 들녘길, 육송림 옛길 등 여항산 주변 둘레길을 탐방하고, 소망등 날리기 프로그램, 단감나무 가꾸기 체험, 그리고 여항산부녀회에서 주관한 여항산 농가 밥상 체험 등 약 2시간 정도 진행하였다.

[그림 2-25] 여항산마을권역 마을사업장 [농촌체험] (출처:함안군 내부자료)

여항산 둘레길 탐방 (여항저수지 둘레길, 우렁이 들녘길, 육송림옛길 등), 여항산 소망등 날리기, 단감나무 분양체험, 여항산 농가밥상체험(부녀회)

아래 [그림 2-26]은 아라가야 역사투어 프로그램으로서 함안박물관과 유네스코세계유산인 말이산 고분군 둘러보기를 약 2시간 정도 진행한 함안군 역사문화체험 코스를 보여주는 것이다.

[그림 2-26] 함안박물관 아라가야 역사투어[역사문화체험] (출처:함안군 내부자료)

유네스코세계유산 말이산 고분군 둘러보기와 아라가야 함안박물관 관람

아래 [그림 2-27]은 입곡마을권역 마을사업을 중심으로 인근의 입곡군립공원 일원에서 체험하고 즐기는 코스로서 입곡마을권역의 온그대로 청정농산물 판매장 방문, 입곡마을 손두부 체험, 입곡마을 부녀회에서 준비한 농가밥상 체험, 그리고 입곡군립공원 힐링 투어를 한 함안농촌체험 프로그램이다.

[그림 2-27] 입곡마을권역 마을사업장[농촌체험] (출처:함안군 내부자료)

산인면 입곡권역 온그대로 청정농산물 판매장, 입곡마을 손두부 체험 모습

4 트임(T-YM)의 미래 (함안 동부지역 시행방안)

위와 같이 소개한 사례는 함안군의 중부지역인 가야읍, 함안면, 여항면, 산인면 등에서 진행한 사례이다. 이렇게 중부 지역에서 트임을 시행하면서 동부지역에 마을사업장을 가지고 있는 마을리더들의 동부지역 시행 요청에 따라 세부적인 시행계획을 수립하여 시행하려 하였으나, 2019년 하반기부터 코로나19(COVID-19)가 유행하면서 실제로 실행하지는 못하였으며 여기서는 동부지역 시행 방안을 간략히 제시하고자 한다.

[그림 2-28] 함안 동부지역 트임(T-YM) 지도 (출처:함안군 내부자료)

함안군 동부지역은 칠원읍, 칠북면, 칠서면, 대산면으로 주요마을사업장은 칠서면 무릉마을, 칠북면 이령권역, 대산면 장암권역, 대산면 마산마을, 칠원읍 장암마을 등이 있다. 계절별로 운영도 가능하며 연계 방문지로는 칠서면 강변생태공원, 창녕함안보와 시오리상생길, 대산면 갈마산마을축제, 칠서면 주세붕 선생의 무산사와 한옥예절 교육관 등이 있다.

주요 착안 프로그램으로는 마을사업장 체험, 아라가야 유네스코 자원과 장춘사 등 역사자원 홍보, 시골밥상, 농산물 가공체험, 6차 산업화 농축산물 판매 확대, 그리고 무릉마을 주세붕 무산사와 한옥예절 교육관을 활용한 아이들의 전통 예절 및 인성 교육 등을 차별적으로 실시할 수 있다. 그리고, 마을 단위 또는 인접 마을과 연계하여 체험하는 방법도 모색할 필요가 있으며, 당일 코스는 물론, 무릉마을회관과 장암권역 활성화센터를 이용한 1박 2일 프로그램 운영도 가능할 것이다. 이와 같이 함안군 동부지역 시행안을 간단히 살펴보았으나 구체적인 실행 방안은 함안군 발전협의회와 마을만들기 전문가들과 함께 세부적으로 검토한다면 더욱더 실효성 있고 실질적인 시행 방안을 마련할 수 있을 것으로 보인다.

그리고, 앞서 소개한 함안군 중부지역에서 여러 차례 트임(T-YM)을 진행해 오면서 발견된 몇 가지 문제점을 살펴보면, 요금의 적정성, 운영 지역의 권역화, 운영 프로그램의 다양화, 마을사업장의 연계협력 강화, 마을리더들의 자발적 참여도 향상 등의 문제점들이 상존하고 있는 점들은 조속히 풀어야 하는 과제로 남는다.

이와 같이 도시민을 유치하여 농촌을 활성화시키고 도농 연계를 촉진할 수 있는 트임(T-YM)사업에 행정적 재정적 투자를 확대하여 보다 더 체계적이고 발전적으로 활성화 시킨다면 지역소멸 위기에 처해있는 농촌 마을을 '살고 싶고 머물고 싶은 마을'로 만드는 데 크게 이바지할 것이다.

5. 법수산권역 강주해바라기 축제를 시작하다

1 법수산권역 창조적마을사업을 확보하다.

강주해바라기축제로 유명한 강주마을은 법수산권역 창조적마을만들기 사업장의 소속 마을이다. 함안군 마을만들기 모(母)사업으로 활용한 농식품부 일반농산어촌개발사업 법수산권역 창조적마을사업장은 함안군 법수면 강주리, 황사리, 대송리 일원의 5개 마을이 포함되어 있으며, 2013년부터 예비계획 수립하여 2014년 초에 농식품부 공모를 하고 연말에 확정되어

2015년 사업 착수 2019년에 완공하는 계획으로 마을사업이 진행되었다.

총 사업비는 3,460백만 원으로 일반 다른 사업과 마찬가지로 함안군 미래전략기획단이 주민협의체와 함께 사업을 기획하고 중앙공모를 통하여 마을사업을 확보하였고, 이어서 건설과에 배정하여 건설과는 한국농어촌공사와 위수탁 계약을 체결하여 함안지사가 사업을 시행하면서 시설사업의 올바른 설치 등은 건설과에서, 해바라기 축제처럼 소프트웨어 역량강화사업은 미래전략기획단이 주관하여 실행하였다. 즉, 다른 마을사업장과 마찬가지로 소프트웨어 역량강화사업과 같이 마을만들기와 관련이 있는 세부 사업들은 미래전략기획단이 적극적으로 관여하여 사업을 추진하였다.

[표 2-25] 법수산권역 창조적마을만들기 세부 사업내용

구분	사업내용 (2016년 기준)	비고
기초생활기반	마을연결도로 L=150m, B=4m 해바라기 탐방 둘레길 L=800m, B=4m 공동생활홈(기존건물 리모델링)	
소득증대	해바라기 가공 체험장(가공장 등) A=1,990㎡	
경관개선	해바라기 전망쉼터 A=3,005㎡ 해바라기 포토랜드 A=2,300㎡ 수변생태공원(데크, 조경 등) A=11,862㎡	
역량강화	교육 (지역공동체아카데미, 리더교육 등) 컨설팅(축제활성화, 권역활성화 등) 홍보마케팅(영상홍보물 제작, 리플렛 등) 정보화구축(홈페이지, 정보화기기 구축 등) 견관형성계획 및 부대비용(기본, 실시설계 등)	

법수산권역 창조적마을사업의 태생이 당초 강주마을에서 출발하였기 때문에 세부 사업내용은 [표 2-25]에서 보는 바와 같이 강주해바라기 축제에 집중되어 편성되었다. 세부적인 하드웨어 시설사업으로 기초생활기반 사

업에 해바라기 탐방 둘레길, 소득증대부문에 해바라기 가공 체험장, 경관개선부문에도 해바라기 전망쉼터, 해바라기 포토랜드 등을 만들었고, 소프트웨어 지역역량강화사업 역시 홈페이지 구축, 축제활성화 컨설팅, 주민교육은 물론, [그림 2-29]에서 보는 바와 같이 축제 브랜드 개발, 마을화폐 제작, 영상홍보물 카탈로그, 축제 리플렛 제작 등 법수산권역 예산의 많은 금액이 집중되어 사용되었다. 즉, 법수산권역 창조적마을사업장의 예산과 노력을 강주해바라기 축제에 선택과 집중을 한 것이었다.

[그림 2-29] 법수산권역 강주해바라기축제 관련 개발품과 제작물 (출처:함안군 내부자료)

② 함안군의 해바라기축제 행정지원

2013년부터 3년간 성공적으로 진행되었던 강주해바라기축제는 2015년 9월 지역발전위원회 주관 지역희망포럼에서 함안군 마을만들기 운동이 박 대통령의 극찬 연설로 인하여 거버넌스형 마을만들기 성공 사례로 전국적으로 알려지게 되었다.

대표적인 거버넌스형 마을축제인 강주해바라기 축제를 주민자치형 마을축제로서 중앙정부가 추구한 지역발전사업의 대표 사업으로 육성하고자 하였다. 그렇게 하기 위하여 필자는 우선적으로 지역주민 주거환경 개선과 주민협의체 활성화를 통한 마을주민들의 자긍심을 고취하여 농촌마을에 활력을 불러일으키고자 하였으며, 농촌지역 자연자원과 각종 문화자원의 상품화 및 농촌관광 체험을 확대해 지속 가능한 농촌발전을 도모하였고, 영농 환경개선과 소득증대를 위한 6차 산업화 기반 구축 등을 통한 마을경제 활성화를 달성해야 한다는 점을 주요 달성 과제로 삼았다.

그리고 법수산권역 창조적마을만들기 추진위원회 조직 체계(frame)를 만들어 마을권역 주민협의체에서 추천해 준 주민들로 구성하였고, 연관되어 있는 강주해바라기 축제위원회는 함안군 발전협의회 전문가 자문을 받고, 지역주민들의 의견과 주민 추천을 반영하여 아래의 [그림 2-30]과 같이 마을주민, 군의회, 학계 및 전문가 그리고 함안군청 등 거버넌스 체제로 축제 콘트롤 타워 조직을 구성하여 성공적인 해바라기 축제를 기획하였다.

[그림 2-30] 법수산권역과 해바라기축제 위원회 조직도 (출처:함안군 내부자료)

법수산권역 추진위원회는 3개의 부로 나누고 행사지원부와 경영홍보부는 강주해바라기축제와 연관되기 때문에 강주마을 주민이 담당하였고, 해바라기축제 위원회는 위원장에 권역추진위원장이 겸임하였으며, 지역구 군의원과 법수면장을 고문으로 하고 함안군 발전협의회 위원장인 정*식 경남대 교수와 마을만들기 실무계획가인 윤*심 박사를 자문으로 위촉하였다. 특히, 함안군 발전협의회 위원인 김*출 외 2인으로 하여금 축제지원단으로 구성하여 축제의 성공을 위해 조력하도록 하는 등 강주해바라기축제를 단지 함안군 법수산권역마을사업장 축제에서 전국 단위 마을만들기 축제로 확산시키려고 의도하였다.

그리고 강주 해바라기축제 주된 행사장 및 장터, 화장실, 행사장 및 장터, 행사장 주진입로, 해바라기 행사장 순환보행로, 해바라기문화센터 가공공장, 쉼터, 버스 환승장, 매표소, 주차장 등의 배치와 관광객들의 동선을 기획하고 공간배치도를 작성 배포하여 방문객들의 편의를 제공하고, 지역주민들의 해바라기 축제 사전준비에 차질이 없도록 조치하였다.

[그림 2-31] 강주 해바라기축제 공간 배치도 (출처:함안군 내부자료)

그리고 미래전략기획단은 성공적인 축제 운영을 위하여 강주해바라기축제 운영지침과 축제위원회 운영세칙 초안을 만들어 축제위원회에 제공하였고 2016년 3월 2일 강주해바라기축제위원회 첫 회의를 개최하여 지침과 운영 세칙이 100% 성안되었다.

운영세칙은 강주해바라기 축제의 성공적인 추진을 위해 필요한 사항을 총 망라하였고 축제위원회의 업무 추진에 필요한 세부적 사항을 규정함으로써 지속가능한 마을축제를 만드는 데 그 목적이 있다고 규정하였고 축제위원회는 법수산권역 창조적마을만들기 추진위원회가 위임한 근거에 의거하여 존재함을 명시하였다. 축제위원회 위원장은 법수산마을권역추진위원장이 겸임한다고 규정하였고, 아울러 각 분과(파트)의 직무를 세세히 규정하고 있어 향후 축제 준비에서 개최 시까지 역할 분담을 명시하였다.

또한, 축제지원단은 함안군 마을만들기 전문가 지원조직인 '함안군 발전협의회'의 자문을 받아 행정·유관기관·단체 등과 축제위원회 간의 상호의사 소통 및 지원역할을 담당하면서 축제업무 전반에 대한 제반 사항을 지원하는 임무를 부여하였고, 축제위원회의 자금 집행에 있어서도 축제위원장의 결재를 받도록 하였고, 단, 원활한 축제 진행을 위하여 일백만 원 내외의 소액은 각 분과(파트)장의 책임하에 집행하고 사후 결재를 득할 수 있다고 적시하고, 축제의 결산은 축제가 종료된 후 30일 이내에 결산하고 축제를 2회에 걸쳐 진행될 경우 2회 모두 결산할 것을 명문화하여 마을축제의 입출금을 명확히 하고자 하였다. 이는 자칫 잘못하면 마을 주민들 상호 간에 분쟁이 발생할 수 있는 요인이기 때문에 이를 미연에 방지하고자 히였다.

이렇게 함안군이 행정적으로 지원하고 마을주민이 자치적으로 주도하여 매년 개최해 오는 강주해바라기축제는 마을만들기를 통한 마을경제 활성화의 표본이 되어 정부, 학계, 언론 등 외부로부터 많은 주목을 받게 되는 마을사업장이 되었다.

[그림 2-32] 2016년 강주해바라기축제 운영지침과 운영세칙 (출처:함안군 내부자료)

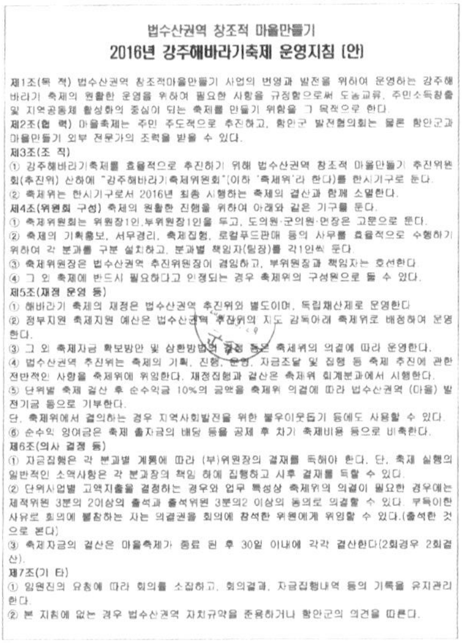

법수산권역 창조적 마을만들기

2016년 강주해바라기축제 운영지침 (안)

제1조(목 적) 법수산권역 창조적마을만들기 사업의 번영과 발전을 위하여 운영하는 강주해바라기 축제의 원활한 운영을 위하여 필요한 사항을 규정함으로써 도농교류, 주민소득창출 및 지역공동체 활성화의 중심이 되는 축제를 만들기 위함을 그 목적으로 한다.

제2조(협 력) 마을축제는 주민 주도적으로 추진하고, 함안군 발전협의회는 물론 함안군과 마을만들기 외부 전문가의 조력을 받을 수 있다.

제3조(조 직)

① 강주해바라기축제를 효율적으로 추진하기 위해 법수산권역 창조적 마을만들기 추진위원회(추진위) 산하에 "강주해바라기축제위원회"(이하 '축제위'라 한다)를 한시기구로 둔다.

② 축제위는 한시기구로서 2016년 최종 시행하는 축제의 결산과 함께 소멸한다.

제4조(위원회 구성) 축제의 원활한 진행을 위하여 아래와 같은 기구를 둔다.

① 축제위원회는 위원장1인,부위원장1인을 두고, 도의원·군의원·면장은 고문으로 둔다.

② 축제의 기획홍보, 서무경리, 축제집행, 로컬푸드판매 등의 사무를 효율적으로 수행하기 위하여 각 분과를 구분 설치하고, 분과별 책임자(팀장)를 각1인씩 둔다.

③ 축제위원장은 법수산권역 추진위원장이 겸임하고, 부위원장과 책임자는 호선한다.

④ 그 외 축제에 반드시 필요하다고 인정되는 경우 축제위의 구성원으로 둘 수 있다.

제5조(재정 운영 등)

① 해바라기 축제의 재정은 법수산권역 추진위와 별도이며, 독립채산제로 운영한다.

② 정부지원 축제지원 예산은 법수산권역 추진위의 지도 감독아래 축제위로 배정하여 운영한다.

③ 그 외 축제자금 확보방안 및 상환방법의 결정 등은 축제위의 의결에 따라 운영한다.

④ 법수산권역 추진위는 축제의 기획, 진행, 운영, 자금조달 및 집행 등 축제 추진에 관한 전반적인 사항을 축제위에 위임한다. 재정집행과 결산은 축제위 회계분과에서 시행한다.

⑤ 단위별 축제 결산 후 순수익금 10%의 금액을 축제위 의결에 따라 법수산권역 (마을) 발전기금 등으로 기부한다.

단, 축제위에서 결의하는 경우 지역사회발전을 위한 불우이웃돕기 등에도 사용할 수 있다.

⑥ 순수익 잉여금은 축제 출자금의 배당 등을 공제 후 차기 축제비용 등으로 비축한다.

제6조(의사 결정 등)

① 자금집행은 각 분과별 계획에 따라 (부)위원장의 결재를 득해야 한다. 단, 축제 실행의 일반적인 소액사항은 각 분과장의 책임 하에 집행하고 사후 결재를 득할 수 있다.

② 단위사업별 고액지출을 결정하는 경우와 업무 특성상 축제위의 의결이 필요한 경우에는 제적위원 3분의 2이상의 출석과 출석위원 3분의2 이상의 동의로 의결할 수 있다. 부득이한 사유로 회의에 불참하는 자는 의결권을 회의에 참석한 위원에게 위임할 수 있다.(출석한 것으로 본다)

③ 축제자금의 결산은 마을축제가 종료 된 후 30일 이내에 각각 결산한다(2회경우 2회결산).

제7조(기 타)

① 임원진의 요청에 따라 회의를 소집하고, 회의결과, 자금집행내역 등의 기록을 유지관리 한다.

② 본 지침에 없는 경우 법수산권역 자치규약을 준용하거나 함안군의 의견을 따른다.

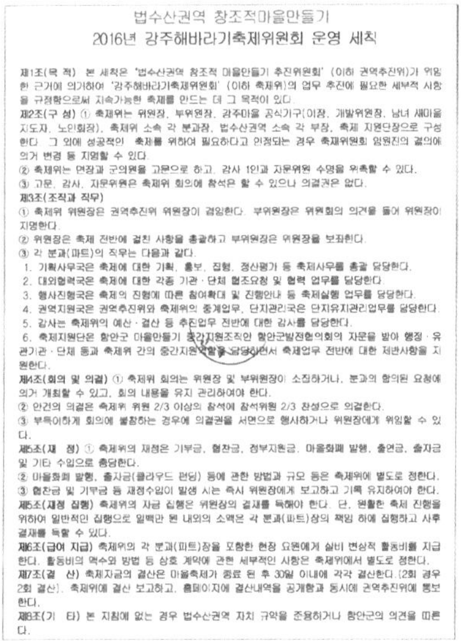

법수산권역 창조적마을만들기

2016년 강주해바라기축제위원회 운영 세칙

제1조(목 적) 본 세칙은 '법수산권역 창조적 마을만들기 추진위원회' (이하 권역추진위)가 위임한 근거에 의거하여 '강주해바라기축제위원회' (이하 축제위)의 업무 추진에 필요한 세부적 사항을 규정함으로써 지속가능한 축제를 만드는 데 그 목적이 있다.

제2조(구 성) ① 축제위는 위원장, 부위원장, 강주마을 공식기구(이장, 개발위원장, 남녀 새마을지도자, 노인회장), 축제위 소속 각 분과장, 법수산권역 소속 각 부장, 축제 지원단장으로 구성한다. 그 외에 성공적인 축제를 위하여 필요하다고 인정되는 경우 축제위원회 임원진의 결의에 의거 변경 등 지명할 수 있다.

② 축제위는 면장과 군의원을 고문으로 하고, 감사 1인과 자문위원 수명을 위촉할 수 있다.

③ 고문, 감사, 자문위원은 축제위 회의에 참석은 할 수 있으나 의결권은 없다.

제3조(조직과 직무)

① 축제위 위원장은 권역추진위 위원장이 겸임한다. 부위원장은 위원회의 의견을 들어 위원장이 지명한다.

② 위원장은 축제 전반에 걸친 사항을 총괄하고 부위원장은 위원장을 보좌한다.

③ 각 분과(파트)의 직무는 다음과 같다.

1. 기획사무국은 축제에 대한 기획, 홍보, 집행, 정산평가 등 축제사무를 총괄 담당한다.
2. 대외협력국은 축제에 대한 각종 기관·단체 협조요청 및 협력 업무를 담당한다.
3. 행사진행국은 축제의 진행에 따른 참여확대 및 진행안내 등 축제실행 업무를 담당한다.
4. 권역지원국은 권역추진위와 축제위의 중계업무, 단지관리국은 단지유지관리업무를 담당한다.
5. 감사는 축제위의 예산·결산 등 추진업무 전반에 대한 감사를 담당한다.
6. 축제지원단은 함안군 마을만들기 중간지원조직인 함안군발전협의회의 자문을 받아 행정·유관기관·단체 등과 축제위 간의 중간지원역할을 담당하면서 축제업무 전반에 대한 제반사항을 지원한다.

제4조(회의 및 의결) ① 축제위 회의는 위원장 및 부위원장이 소집하거나, 분과의 합의된 요청에 의거 개최할 수 있고, 회의 내용을 유지 관리하여야 한다.

② 안건의 의결은 축제위 위원 2/3 이상의 참석에 참석위원 2/3 찬성으로 의결한다.

③ 부득이하게 회의에 불참하는 경우에 의결권을 서면으로 행사하거나 위원장에게 위임할 수 있다.

제5조(재 정) ① 축제위의 재정은 기부금, 협찬금, 정부지원금, 마을화폐 발행, 출연금, 출자금 및 기타 수입으로 충당한다.

② 마을화폐 발행, 출자금(클라우드 펀딩) 등에 관한 방법과 규모 등은 축제위에 별도로 정한다.

③ 협찬금 및 기부금 등 재정수입이 발생 시는 즉시 위원장에게 보고하고 기록 유지하여야 한다.

제5조(재정 집행) 축제위의 자금 집행은 위원장의 결재를 득해야 한다. 단, 원활한 축제 진행을 위하여 일반적인 집행으로 일백만 원 내외의 소액은 각 분과(파트)장의 책임 하에 집행하고 사후 결재를 득할 수 있다.

제6조(급여 지급) 축제위의 각 분과(파트)장을 포함한 현장 요원에게 실비 변상적 활동비를 지급한다. 활동비의 액수와 방법 등 상호 계약에 관한 세부적인 사항은 축제위에서 별도로 정한다.

제7조(결 산) 축제자금의 결산은 마을축제가 종료 된 후 30일 이내에 각각 결산한다.(2회 경우 2회 결산). 축제위에 결산 보고하고, 홈페이지에 결산내역을 공개함과 동시에 권역추진위에 통보한다.

제8조(기 타) 본 지침에 없는 경우 법수산권역 자치 규약을 준용하거나 함안군의 의견을 따른다.

3 강주해바라기 축제의 탄생과 퇴색

마을만들기에 대하여 언질을 받은 강주마을 주민들이 자발적으로 마을 언덕 약 2헥타르(ha)에 해바라기를 식재하고 경남의 봉사단체에 협력을 구하여 마을벽화를 그리면서 마을경관을 정비하여 2013년 7월 27일에 제1회 강주해바라기 축제를 개최하면서 수천 명의 외부인이 방문하게 되었다. 그다음 해 2014년에는 권역 주민들이 중심이 되어 해바라기축제 위원회를 구성하고 마을 두 곳의 언덕 약 4헥타르(ha)에 해바라기를 식재하여 7월 18일부터 20일까지 3일간 제2회 강주해바라기 축제를 개최하여 수만 명의 외부인이 방문하게 되면서 유명세를 이어 나갔다.

필자는 2013년부터 법수산권역 마을사업의 마중물 사업으로 강주마을 단위사업을 위하여 행정 지원을 하였으며, 2014년에는 현장포럼 등 주민

역량강화를 통하여 법수산권역 마을사업의 예비계획을 수립하여 중앙공모에 응모하여 2014년에 마을사업을 확정받았다.

그리하여 2015년부터 사업을 착수하여 법수산마을권역 사업의 재정지원이 가능해지면서 해바라기 비생육기를 활용하여 해바라기 언덕에 청보리를 식재하고 2015년 5월 23일부터 24일까지 청보리 축제를 개최하여 약 일만명이 넘는 방문객을 유치하기도 하였다. 이어서 제3회 강주해바라기축제를 2015년 9월 5일부터 7일까지 개최하기로 계획하고 해바라기 언덕에 약 4헥타르 정도 해바라기를 식재하고 마을권역 주민, 각종 봉사단체, 기업체, 각종학교 등 연인원 약 일천 명 이상의 봉사자들이 축제 준비를 지원한 결과 십수만 명이 다녀간 것으로 파악되었다. 그다음 해 제4회 강주해바라기축제는 2016년 7월 8일부터 약 한 달간 계획하였지만, 해바라기 꽃의 존치 기간 등을 사유로 20여 일 만에 폐막하였고 외부인 십만여 명이 방문한 것으로 집계되었다.

그 이후 2017년부터 강주해바라기축제 담당부서가 미래전략기획단에서 농업기술센터로 이관되면서 주민 자긍심 고취를 중요시하는 마을만들기의 산출물인 '주민주도형 마을축제'에서 '관(官)협력형 농촌축제'로 변환되어 갔다. 그리하여 마을만들기 축제라는 본연의 모습을 잃어가고 갈수록 늘어나는 주민들의 재정지원 요구에 함안군의 예산지원은 줄어들지 않고 있어 마을만들기의 결과물인 주민주도형 마을축제라기 보다는 관(官)주도형 군청 축제로 자리매김하고 있는 듯하여 마을만들기 전문가들의 아쉬움을 자아내고 있다.

성공적인 농촌지역 마을만들기가 농촌 소멸 위기 대응책의 일환이라는 측면에서 볼 때, 예전에 강주해바라기축제에 대한 국무총리상과 박 대통령의 찬사가 '주민주도형 마을축제'이었기 때문이라는 사실을 지금쯤은 행정관청이나 수탁받은 중간지원 조직이 되돌아볼 필요가 있다고 판단된다.

6. 함안군 발전협의회 설립하고 자문회의를 개최하다

1 함안군 발전협의회 설립

 농림축산식품부 일반농산어촌개발사업의 성공적 추진을 위하여 지역주민, 함안군, 한국농어촌공사, 대학교수, 연구원, 지방의회 등 거버넌스 체제로 구성하여 2013년에 설립한 '함안군 발전협의회'는 함안군 마을만들기의 콘트롤 타워(Control Tower)로서 자문회의를 통한 중앙공모 신규사업의 타당성과 사업성 검토와 권고 및 자문을 하고, 매년 정기 워크숍을 개최하여 마을사업의 추진사항 보고회를 가지고 마을사업 추진 방향과 권장 사업 등을 추천하였고, 특히 발전협의회 전문가 주제 발표, 마을사업 주민 갈등(葛藤)관리 자문과 추진 사업의 평가 등의 역할을 이행하였다.

 이러한 발전협의회의 설립근거로는 2013년 당시 법령들로써, '국가균형발전특별법' 제34조(지역개발계정 사업의 세출)와 '농어업인 삶의 질 향상 및 농어촌지역 개발촉진에 관한 특별법' 제38조(농어촌 지역종합개발계획의 수립·시행), 제38조의2(농어촌 지역발전협의회 구성·운영), 제39조(농어촌 거점지역의 육성) 등을 근거로 설립하였다.

[그림 2-33] 일반농산어촌개발사업 추진체계도 (출처:함안군 내부자료)

농림축산식품부 일반농산어촌개발사업에서 '함안군 발전협의회'의 역할을 더 알기 위하여 [그림 2-33]을 참고하여 함안군 일반농산어촌개발사업 추진체계를 살펴보면 함안군 미래전략기획단은 중앙공모사업을 기획하고 응모하여 선정되면 함안군 건설과로 예비계획과 예산을 배정한다.

건설과는 한국농어촌공사와 사업 시행 위수탁 계약을 맺고 기본계획과 시행계획을 수립하여 사업을 시행한다. 이런 일련의 과정 모두에서 거버넌스형 발전협의회가 전문적인 자문과 지원 역할을 하였다.

필자가 함안군 발전협의회를 거버넌스 체제로 설립하여 다른 시군과는 달리 실질적으로 운영한[37] 주된 사유로는, 첫째, 마을만들기는 마을주민들

---

37) 그 당시 발전협의회를 실질적으로 운영한 시군을 찾아보기는 어려웠다. 그 이유는 참여하려는 전문가가 많지 않고, 운영의 실효성도 그리 크지 않아서 라는 시군 담당자들의 다수 의견임.

의 자발적 참여가 성패를 좌우하므로 주민과 지역 내·외부 전문가들로 구성된 지역단위 발전협의체 운영이 필요했고, 둘째, 마을의 특성과 역사를 가장 잘 알고 있는 마을 주민들의 참여를 제도적으로 보장함으로써 농식품부 일반농산어촌개발 읍면소재지 종합정비사업과 마을권역단위종합정비사업의 효율성 및 성공률을 높이기 위함이었고, 셋째, 신규 공모 마을사업 예비계획 수립을 지원하고 읍면소재지와 마을권역의 지속적인 지역사회발전을 지원하고자 하였으며, 넷째, 마을사업 신청 및 실행 과정에서 나타나는 각종 문제점을 보다 신속히 파악하는 등 마을사업의 성공적 실행을 위한 협의, 조정, 자문 등을 원활하게 진행하기 위함이었다.

함안군 발전협의회 공동위원장으로 부군수와 대학교수를 임명하였고, 당연직 위원으로 마을사업 시설과 예산 등과 관련이 있는 기획예산실장, 건설과장, 도시과장, 환경보호과장으로 하고, 위촉직 위원으로 대학교, 연구기관, 공공기관, 비영리단체, 지방의회, 지역사회발전에 지식과 경험이 풍부한 자를 대상으로 하였다. 그리고, 일반농산어촌개발 읍면소재지종합개발사업과 마을권역단위종합정비사업 지구의 해당 읍·면장, 사업별 추진위원장, 지역 또는 마을 대표로 구성하였다.

함안군 발전협의회가 수행한 주요 기능으로는 일반농산어촌개발사업, 즉, 읍·면 소재지종합개발사업, 권역단위종합정비사업, 시군 창의 아이디어 사업 등의 신규 공모사업 신청서 작성 지원 및 자문, 마을 자원의 발굴, 마을 현황 및 특성에 따른 일반 농산어촌 개발사업의 중장기적, 거시적, 미시적인 발전 방향 등 제안하는 역할 등을 하였다.
그리고 마을사업 기본계획, 세부설계, 사업시행, 사업완료, 유지관리 등의 일반 농산어촌 개발사업 시행 단계별 수시 협의 지원 및 분쟁 사안의 조정, 그 외 지역특성 및 개발 과제 도출 지원, 비전 설정, 개발 목표 및 발전

방향 설정 협의, 공간별 토지이용계획 등 부문별 기본계획(안) 협의, 투자우선순위 설정, 재원부담방안 등 투자계획 협의, 기관별 관련 사업계획 연계 추진방안 협의, 지역특화 작목 재배, 산지유통 등 농림어업 기술지원, 주민자체 추진위원회 구성 등 시설물 이용·관리의 지원 등을 하고, 끝으로 마을만들기 형태의 각종 마을사업은 물론 아라농촌마을 재생사업의 지원 및 자문 기능을 수행하였다. 마을사업의 지원 금액 결정, 마을사업을 위한 각종 예비 조사와 평가 등에 필요한 사안, 마을사업의 대상 마을 및 우수 마을 선정 지원 등의 역할을 이행하였다.

  위원의 임기는 발전협의회 당연직과 위촉직 위원의 임기는 그 직의 재직 기간으로 하였으나 그 이후 임기를 일부 개정하였으며 읍면 및 권역단위 위원의 임기는 연속성을 사유로 사업 진행 기간으로 하였다.

  이와 같이 성공적인 마을만들기를 위하여 거버넌스 형태로 설립한 함안군 발전협의회는 정기회의를 통하여 농식품부 일반농산어촌개발사업 중앙공모 신청 예비 계획서를 검토 및 자문을 하고, 개별 사업장 추진 상황 보고회를 개최하여 진행 사항을 점검하는 등 각 마을사업장에서 발생하는 문제점이나 애로사항 등을 청취하고 권고 사항이나 개선할 점 등에 대하여 컨설팅을 하였다.

  또한 발전협의회 위원, 마을사업장 대표, 사업추진 유관기관, 사업대행 협력업체 등 이 한자리에 모이는 함안군 발전협의회 합동워크숍을 개최하여 중앙정부의 신규 정책방향을 공유하고 각 사업장별 문제점을 토의하는 등 함안군 마을만들기의 종합적인 재점검 기회를 가짐으로서 모(母)사업인 일반농산어촌개발 마을사업의 성공적인 실행을 위한 기반 구축을 하는데 콘트롤 타워 역할을 하였다.

2 함안군 발전협의회 자문회의 사례

마을만들기를 시작하면서부터 거버넌스형 함안군 발전협의회 자문회의를 매년 여러 차례 개최하였는데 그중에서 현재까지 관련 자료를 확보[38]할 수 있었던 회의 사례를 예시로 소개하고자 한다.

2013. 8. 27. 군청 2층 회의실에서 함안군 발전협의회 위원 16명, 한국농어촌공사 함안지사 2명, 함안지방공사 2명, 기본 및 실시계획 수립 용역업체 5명 등 총 25명이 참석하여 함안군 발전협의회 위원 위촉장 전수식 및 일반농산어촌개발 추진상황보고회를 개최하였다. 회의 주요내용을 면소재지 종합정비사업, 마을권역단위종합정비사업, 마을공동문화 조성사업 등의 추진 중에 겪는 어려움을 공유하고 종합적으로 재점검하고 자문하는 것이었다. 이날 군수가 위촉장을 전*한 위원은 부군수와 같이 공동위원장인 정*식 교수, 조*제 도의원, 김*석 군의원, 한국농어촌공사 함안지사 김*호 팀장, 경남발전연구원 마*열 박사, 문화디자인연구원 빛고을 윤*심 박사, 대산면 소재지 추진위원장, 이령권역단위 추진위원장, 여항산권역단위 추진위원장이었다.

---

38) 2012년부터 2018년까지 함안군 내부자료 활용함.

[표 2-26] 마을사업장별 주요 토의 및 보고 내용

사업명	주요내용
이령마을권역단위 종합정비사업	* 권역 특성에 맞는 브랜드개발 및 단감박스 디자인 구상중 * 9월중 세부설계(안) 협의 및 승인(도,함안군) * 9월 공사 발주 및 착공
여항산마을권역단위 종합정비사업	* 기본계획(최종안) 보고 및 최종검토 - 기초생활기반확충 3개 사업, 지역경관개선 2개 사업 * 9월초 기본계획(안) 도협의 실시예정 * 지역역량강화사업 발주 - 업체 선정계획
함안면 소재지 종합정비사업	* 당초 사업아이템 17개 중 8개 사업 확정 - 기본계획(안) 도 협의 조속히 추진 * 지역역량강화사업 발주 - 업체 선정계획
대산면 소재지 종합정비사업	* 기본계획 최종 사업(안) 확정 - 도 승인 신청 및 실시설계 등 조속한 추진
원북마을 공동문화조성사업	* 기본계획서 도 협의 결과에 따른 조속한 업무 추진계획 * 문화프로그램 운영을 위한 조속한 예산교부

[그림 2-34] 발전협의회 회의 사진 (출처:함안군 내부자료. 2013)

 2013. 12. 20. 군청 2층 소회의실에서 2013년 일반농산어촌개발사업 추진사항 및 향후계획 보고회를 개최하였는데 여기서 함안군 발전협의회 자문회의 결과 위원들의 자문 및 권고 사항은 [표 2-27]과 같다.

: [표 2-27] 마을사업장별 주요 권고 내용 :

구 분	권 고 사 항	비 고
공 통	- 발전협의회 권고사항은 추진위원회 통보하여 이행 - 조치결과 차기 회의 제출	- 발전위원회 지침
	- 공동체 활성화를 위한 농촌현장포럼이나 교육시 발전 협의회 위원을 강사로 활용	- 교수2명, 박사2명
	- 지역역량강화사업 시행시 기획감사실과 사전 협의	- S/W 사업
	- 예산 실제 집행률 보고 철저	- 평가시 중요사안
대산면 소재지 종합정비 사업	- 체육공원 부지내 분수대를 상징탑(수박 등)으로 변경	- 실효성, - 유지 관리적 측면
	- 가로경관 화단 조성사업 내 백일홍(군화)으로 변경	- 우리군 꽃 식재장려
	- 상징물(12간지)을 함안 상징물(수박 등)로 교체	- 함안 홍보 강조
	- 안내판 설치 시 바탕을 밝은 색으로 변경	- 시각적 측면 검토
	- 토지매입비가 50%이상일 시 사업시행 불가하니 조치	- 농림부 지침 이행
함안면 소재지 종합정비 사업	- 건강관리실 3층 증축시 경량구조체로 설치	- 예산절감 효과 - 유지관리 측면
	- 한우국밥촌 상징물 구축 또는 정비 (국도79호선변)	- 향토음식점 홍보
이령권역 종합정비사업	- 공동집하장 및 선별장 설치 관련 추진상황은?	- 저온저장고로 변경
여항산권역 종합정비 사업	- 문화센터 유지관리 비용 및 방법 구체적으로 제시	- 유지관리 중요
	- 봉성저수지 산책로 조경은 백일홍 등 검토, 그늘 조성 - 산청 사례 적용 검토	- 실효성 있는 산책로 조성
	- 봉성저수지 산책로 데크로드 고비용에 따른 공법 재검토	- 예산과다편중방지

다음은 2014. 01. 24. 군청 3층 대회의실에서 발전협의회 위원과 응모마을 주민협의체 대표 등이 참석하여 2014년 초에 공모 신청할 일반농산어촌개발사업 예비계획서 검토 및 자문을 위한 발전협의회 회의를 개최하였다.

회의 주요 내용은 농식품부에서 '2013년 일반농산어촌개발사업 추진 참고자료'[39]를 만들면서 강조한 주요 개편 내용을 요약하여 설명하고, 그 내용에 따른 예비계획서 작성 요령을 자문하는 것이었다. 먼저 주요 개편 내용을 살펴보면 [표 2-28]에서 보는 바와 같이 일반농산어촌개발사업의 추진방향이 주민주도형 마을사업이라는 것을 충분히 알 수 있다. 이 사업을 모(母)사업으로 하여 함안군 마을만들기가 탄생하여 지역주민들의 삶의 질 향상을 위한 대표적 사업으로 마을사업을 추진하게 된 것이다.

[표 2-28] 일반농산어촌개발사업 주요 개편방향

▷ 추진 방향 개편

구 분	현 행	개 편
사업목적	농어촌정주환경개선	주민역량강화, 공동체 활성화
지원내용	시설 및 인프라 중심	지역활성화, 농촌재생중심
추진체계	관 주도 읍면개발	주민주도형, 지속가능성

▷ 사업 명칭 변경

현 행	사업비(억)		개 편
① 읍·면 소재지 종합정비	100/70	⇒	① 농촌 중심지 활성화
② 마을권역단위 종합정비	50		② 창조적마을만들기
③ 신규마을 조성	3~36	⇒	
④ 지역창의 아이디어	20		

아래의 [표 2-29]는 2014년 초에 공모 신청할 신규사업 현황으로서 함

---

39) 당초 사업명칭이 농촌마을 종합개발사업에서 '일반농산어촌개발사업'으로 변경하면서 농식품부가 만든 책자이다. 그 당시 지침이나 매뉴얼 대신에 참고자료라고 한 이유를 질의했었는데 농식품부 책임자는 세부 추진 사업의 결정에 대한 지자체의 자율성을 제공하기 위함이라고 답변하였다.

안군 발전협의회 자문회의를 거쳐 예비계획서를 재정비하고 2월에 경남도의 심사를 거쳐 4월에 대전에서 농식품부 전국 단위 전문가 심사를 받은 결과, 파수권역 창조적마을사업은 아쉽게도 탈락되었고, 군북중심지활성화사업 등 5개 지구 사업은 선정되어 2015년부터 마을사업에 착수하였다.

[표 2-29] 일반농산어촌개발사업 신규 공모사업 현황

사 업 별			사업비 (억 원)	2015년 신규공모 대상지역
농촌 중심지 활성화			60	군북 중심지 활성화사업
창조적 마을만들기	마을 단위	종합개발	10	칠서 무릉마을
		공동문화·복지	5	대산면 장포(경관) 칠원면 장암(경관)
		경제(체험·소득)		
		환경(경관·생태)		
		신규마을	3~36	-
	권역 단위	종합개발	40	파수권역, 법수산권역
		시·군창의	20	-

 2014. 2. 25. 군청 2층 회의실에서 함안군 발전협의회 '2015~2019년 포괄보조 5개년 계획 최종보고회'를 개최하였다. 포괄보조사업계획이란 일반농산어촌개발사업의 포괄적 상위계획으로 중앙공모 신청할 사업지구들은 물론, 각 지구별 포괄적인 발전계획 등이 수록되어야 하는 중요한 상위계획이다. 발전협의회 위원들의 자문결과, 김*주 교수는 상위계획과 연계, 지역별 차별화, 농촌식품개발 노력 필요, 수박, 곶감 등 특화작물을 활용하여 농업소득창출방안을 검토하고, 읍면별 농업기반정비사업 수록, 2016~2020 농업 농촌종합개발계획에도 수록할 것을 권고하였다. 가야읍장은 양돈 축사 등 환경 오염시설 정리 계획을 수록하길 희망하였고, 마*열 박사는 주민의지 최대 반영하고 중앙정부 사업 의도를 간파하여 지역별로

특색 있는 사업을 최대한 많이 발굴, 전문가 지적사항은 최대한 반영하도록 당부하였다. 한국농어촌공사 함안지사 담당 팀장은 본 사업은 주민역량이 가장 중요하니 지역역량강화 노력해야 하고 곶감 등 특화 사업 최대한 발굴하여 특색있는 마을만들기를 수록하도록 당부하였고, 윤*심 박사는 농촌만 가진 그 지역 고유의 특색 창조, 1촌 1품 등 식품과 연계한 사업 발굴, 건강, 치유 등에 초점을 두고 체험의 장점을 부각, 지역역량강화, 경관협정 등도 수록 요한다. 그리고 주민의 자부심 강화와 자긍심 고취를 강조할 필요가 있다. 이에 담당부서는 용역결과 검수 등을 통하여 발전협의회 전문가들의 권고사항을 반영하겠다고 하고 회의를 마쳤다.

2015. 1. 13. 군청 2층 회의실에서 발전협의회를 개최하여 중앙공모 일반농산어촌개발 신규사업 예비계획 검토 및 토의를 하였다. 아래 [표 2-30]은 신규로 공모할 사업 대상 마을 현황이다.

[표 2-30] 신규사업 대상지 현황

사 업 종 류			사업비 (억 원)	2016년 신규공모대상지역
농촌 중심지 활성화			80	가야읍 중심지활성화사업
창조적 마을 만들기	마을단위	종합개발	10	칠원읍 장암마을종합
		공동문화·복지	5	군북면 평광마을
		경제(체험·소득)	5	대산면 마산마을
		환경(경관·생태)	5	군북면 신창마을
	권역단위	종합개발	40	함안면 파수권역

신규사업 대상지별로 발전협의회 전문가 위원들의 자문결과 주요 내용만 간략히 서술하면, 박*대 박사는 "전체적인 사업계획은 좋아 보이나, 직

접적인 농가소득창출 등의 내용이 없어 지속가능성이 어려울 것으로 생각된다. 건설과장은 고려동유적지, 광심정, 합강정, 대평늪 등 함안군 내 모든자원을 연계하여 범위를 확장하면 좋은 사업이 될 것으로 판단된다. 군북 신창 같은 경우는 지방도 1029호 우회노선 계획 등과 연계하면 좋겠다고 하였다. 공동위원장 정*식 교수는 가야읍의 경우 중심상권을 강화할 수 있는 기반시설 주차장, 도로 등을 강화하였으면 하는데 기반시설의 집중투자 등은 농식품부 사업지표 상 제약적인 부분이 있으므로 충분히 숙의해보고, 공동위원장 부군수는 각 지역의 특색이 부각되는 주제 및 사업계획을 수립하여 마을단위사업에서 권역단위 사업을 확대하는 등 지속적이고 발전적인 사업이 될 수 있도록 노력하여야 할 것을 당부하였다.

이렇게 함안군 발전협의회 자문회의를 거쳐 예비계획서를 일부 수정하여 재정비하고 2월에 경남도의 심사를 거쳐 4월에 대전에서 농식품부 전국 단위 전문가 심사를 받은 결과, 군북면 신창마을은 아쉽게도 탈락하였고, 가야읍 중심지 활성화사업 등 5개 사업은 선정되어 약 140억 원의 농식품부 마을사업 예산을 확보하였다.

2015. 6. 15. 군청 별관 3층 회의실에서 함안군 발전협의회 위원, 각 마을사업장 추진위원장, 시설사업 시행부서인 건설과, 한국농어촌공사, 지방공사, 그리고, 협력업체 담당자 등이 참석하여 발전협의회 간담회를 개최하였다.

이날 일반농산어촌개발사업 총괄계획가는 공동위원장 정*식 교수가 겸직하도록 하고, 실무계획가는 윤*심 박사로 위촉하고 위촉장을 수여하였다.

이날 회의에서 부군수는 지역발전위원회 지역개발사업 14년 평가 S등급을 받은 것은 여기 계신 모든 분들의 도움이 있어 가능했다고 격려하였고, 정*식 교수는 지역사회개발 패러다임이 융·복합으로 바뀌고 있다. 따라서 주민과 협력업체 간의 의견이 서로 맞아야 하며 이를 위해서는 상호 소통이 더없이 필요하다고 강조하였다.

그리고, 미래전략기획단장인 필자는 함안군 역량강화사업계획을 수립할 때 유의사항으로 소득증대 등을 위한 주민역량 강화교육에 관내 전문가를 최대한 활용하도록 당부하였고 아래 [표 2-31]과 같이 마을사업장별로 농특산물 및 주요자원을 활용한 소득증대 방안 프로그램을 예시로 소개하였다.

[표 2-31] 사업장별 주민 소득증대 방안의 예시

사업지구	농특산물 및 주요자원	주민 소득증대 방안의 예시 프로그램
함안면 소재지	곶감, 함안역	곶감 등 로컬푸드 판매체제구축 역량강화
대산면 소재지	수박, 강, 합강정	수박카빙, 화채 등 가공 역량강화
칠원면중심지	준도시, 줄달리기	도농교류, 축제 등
군북면중심지	수박, 폐역사, 39사	수박카빙, 화채 가공 및 직거래 판매 등
이령 권역	단감, 포도, 함안보	과일카빙, 체험, 로컬푸드 판매 등
여항산 권역	저수지, 청정여항산	향토음식, 유소년 체험프로그램 등
입곡 권역	저수지, 청정지역	향토음식, 유소년 및 가족단위 체험 등
법수산권역	해바라기	해바라기 6차산업화, 마을축제 등
무릉마을	무산사, 주세붕 선생	유교체험 프로그램 구축 등
장포마을	수박, 둑방	수박카빙, 화채 가공 및 직거래 판매 등
월촌권역	수박, 체험관, 합숙소	수박카빙, 화채 가공 및 직거래 판매 등
윤외지구	비행장, 둑방, 음식점	명품 향토 음식, 해바라기축제 연계 등

그리고 마을사업 기본계획 수립 및 변경 시 준수사항으로써 주민역량강화 3대 분야 중점 추진계획으로 마을공동체 활성화를 위하여 함안군 공동체 아카데미 프로그램을 활용하고, 다음은 로컬푸드 판매촉진을 위한 특산물 활용 판매촉진과 6차산업 기반구축을 위한 지역농특산물 활용 사업 개발을 위해 노력해 줄 것을 당부하였으며, 마을사업 추진위원회 구성은 15

명 정도로 하되 의회 의원과 읍면장을 반드시 포함하도록 권고하였다.

또한, 대통령 직속 지역발전위원회가 포괄보조사업 단위로 성과평가를 시행함에 따라 함안군도 마을사업장별 평가 시스템을 구축 운영하여 성공적인 사업추진과 우수지역 인센티브 제공하고 성과관리 피드백 체제를 확립하고자 하였다. 평가대상은 일반농산어촌개발사업장 단계별 마을을 대상으로 평가지표를 정성과 정량으로 세부적으로 나누어 설정하여 설문하는 방식으로 진행하였고, 평가자는 총괄계획가와 실무계획가 그리고 함안군 발전협의회 전문가 등이 협력하여 실시하는 것으로 설명하고 발전협의회 간담회를 마무리하였다.

[그림 2-35] 발전협의회 간담회 및 총괄계획가 위촉장 수여(출처:함안군 내부자료.2015)

2016. 1. 7. 군청 2층 회의실에서 함안군 발전협의회 위원과 신규 공모 신청 지역 읍·면장과 추진위원장들이 모여 일반농산어촌개발 신규사업 공모를 위한 예비계획 발표 및 발전협의회 전문가 검토와 자문회의를 개최하였다.

공모사업 신청지구 주민협의체 대표와 관할 읍면장들은 함안군 발전협의회 자문과 전문가 검토를 받아 예비계획서를 재정비하고 2016년 2월에 공모 신청하여 경상남도 심사를 거쳐 4월에 대전에서 농식품부 최종 심사를 받은 결과, 칠서면 농촌중심지활성화사업 등 한 지구도 빠짐없이 9개 지구 사업 모두 선정되어 2017년부터 본격적으로 사업을 착수하였다.

[표 2-32] 신규 공모 검토대상 사업

▷ 신규 공모 검토대상 사업

사 업 명		사업 유형	사업비	사업 기간	비고
합 계		9개소	131억 원		
칠서면농촌중심지활성화사업		일반지구	60	2017~2021(5년)	
창조적 마을 만들기	장암권역	권역종합	40	2017~2021(5년)	
	사촌, 신촌, 무기, 윤내	경관·환경	각5	2017~2018(2년)	
	대사, 신창	문화·복지	각5	2017~2018(2년)	
함안군역량강화		시군역량강화	1	2017(1년)	

2016. 10. 17. 군청 2층 회의실에서 개최한 함안군 발전협의회 자문회의는 강주해바라기축제 결과보고가 있었기 때문에 특별히 함안군수가 참석하였다. 공동위원장 부군수, 정교수 외 발전협의회 위원과 법수산권역 추진위원회 및 축제위원회 간부 10명과 농어촌공사 법수산권역 담당자 등이 참석하여 개최되었다.

주요내용은 법수산권역 강주해바라기 축제결과 보고 및 발전방향 보고와 발전협의회 아라유적과 마을만들기 학술연구 국외견학을 협의하는 자리였다. 특히, 법수산권역 강주해바라기 축제결과보고는 마을축제기간 동안 함안군 발전협의회 대표로 파견근무를 한 김*출 위원이 전반적인 내용을 보고하였다. 군수, 부군수 외 발전협의회 위원과 법수산권역 추진(축제)위원회 간부들에게 보고한 내용에 대한 위원들의 의견 중에 일부 주요 내용은 아래 [표 2-33]과 같다.

[표 2-33] 법수산권역 강주해바라기 축제결과 주요 의견

위원	의견	비고
김*출 위원	- 강주해바라기 축제는 전국적으로 함안을 알리는 데 기여하였으며 지역경제 활성화에도 기여함 - 마을화폐의 운용에 대한 제도적 보완과 축제 개최시기 및 기간에 대한 충분한 검토가 필요할 것으로 판단됨 - 마을 내 역량의 한계, 축제시스템 가동상의 문제점들이 있었지만 여러면에서 성공 가능성을 보여 향후 발전가능성이 높음	
안상유 단장	- 방문객 편의를 위한 기반시설 부족, 축제운영 인력 부족, 축제기획의 한계, 마을화폐 운용 등에 있어 문제점을 드러냄 - 지역 농특산물 판매 등 성공 가능성을 입증하는 계기가 되었으며 함안군 지역 명성도가 급격히 상승하였음 - 축제 개최 4년 만에 전국적인 축제로 자리매김하고 있는 것은 함안군을 대표하는 지역축제로 성공할 수 있다는 가능성을 보여줌	
정*식 공동위원장	- 금전적인 부문에서 큰 성과가 없다고 하여 축제 전체가 실패한 것은 아니며, 올해의 경험을 바탕으로 내년 축제에서 더 큰 성과를 거둘 수 있을 것으로 기대함 - 축제계획, 자금집행에 있어 축제위원회의 승인, 심의 등의 제대로 된 절차가 없었다는 것은 문제이며 개선해야 할 부문임 - 축제기간 및 시기에 대한 조정이 필요해 보이며, 함안군의 각종 단체를 활용하여 비용절감 및 참여의식 고취 등이 필요함	
군수 (총평)	- 강주해바라기 축제는 주민들이 추진위원회를 구성하여 추진하는 대표적인 함안군 축제로 주민들의 역량을 길러 노력해 주시기 바람 - 축제 구역 내 모든 상점에서 마을화폐가 사용될 수 있어야 하며, 공연 등 축제기획에 대한 전반적인 개선이 필요함 - 법수산권역 강주해바라기 축제는 무한한 발전가능성을 지니고 있으며 올해 축제를 반면교사 삼아 대한민국 대표 축제 모델로 정착시켜 나가야 함 - 강주마을에 수많은 외지인이 방문하여 지역을 알린데 대해 자부심을 가지고 각자 역할을 재정립하여 내년에는 축제가 성공을 거두기를 기대함	

[그림 2-36] 함안군 발전협의회 회의 사진 (출처:함안군 내부자료.2016)

2017. 2. 20. 군청 별관 3층 중회의실에서 일반농산어촌개발 신규 공모 사업 예비계획 발표와 함안군 발전협의회 검토와 자문회의를 개최하였다.

[표 2-34] 신규 공모 검토대상 사업

사 업 명		사업 유형	사업비	사업 기간	비 고
합 계		9개소	140억 원		
법수면 농촌중심지		일반지구	60	18~22(5년)	
창조적 마을 만들기	군북 백이산권역	권역단위종합	40	18~22(5년)	
	칠원읍 달전마을	경관·환경	5	18~19(2년)	
	법수면 응암마을	경관·환경	5	18~19(2년)	
	칠서면 안기마을	경관·환경	5	18~19(2년)	
	산인면 대천마을	경관·환경	5	18~19(2년)	
	함안면 강지마을	공동문화·복지	5	18~19(2년)	
	어항면 농곡미을	공동문화·복지	5	18~19(2년)	
시군창의	아라가야 승마체험학교	시·군창의	10	18~20(3년)	

이날 참석한 공모사업 신청지구 주민협의체 대표와 관할 읍면장들은 발

전협의회 전문가 검토 및 자문을 받아 예비계획서를 재정비하고 공모 신청하여 2017년 2월에 경남도 심사를 거쳐 4월에 대전에서 농식품부 최종 심사를 받은 결과 시군창의 사업인 '함안아라가야 승마체험학교'와 산인면 대천마을은 아쉽게도 탈락하였고, 나머지 법수면 농촌중심지활성화사업 등 7개 지구 사업 모두 선정되어 2018년부터 사업에 착수하였다.

❸ 발전협의회의가 마을만들기 교두보 역할을 하다.

 이와 같이 함안군 발전협의회는 확보한 마을사업의 활기찬 시행을 통한 마을만들기의 성공을 위하여 분기 1회 이상 자문회의를 개최하여 신규로 공모할 마을사업의 예비계획 타당성 검토 및 자문을 하였고, 마을사업 추진 상황 보고회를 통하여 시행 중인 사업장에 부족한 아이템에 대해서는 추가하도록 자문하였고, 불필요하게 과도한 아이템은 과감하게 제거하도록 권고하는 등 마을사업 추진 내용의 전반적인 부분에 대하여 검토와 자문을 하였다. 특히, 유지관리의 타당성이 비교적 낮은 건축물의 건립을 자제시키고, 주민역량강화사업의 맞춤형 프로그램 운영으로 과유불급한 소프트웨어사업의 진행을 제어하는 등 함안군 발전협의회의는 일반농산어촌개발을 통한 함안군 마을만들기의 교두보 역할을 활기차게 하였다.
 그리고, 매년 말 즈음하여 '함안군(읍면권역마을)발전협의회 합동워크숍'을 통하여 정부의 정책 방향 변경 내용과 그에 발맞춘 함안군 마을만들기 추진방향을 공유하고, 내년도 신규공모사업 신청 예정 지구의 각종 준비사항과 예비계획서 작성 요령과 세부내용 등을 사전에 교육 및 공유하였다. 이어서 그다음 해 초에 신규사업 검토 자문회의를 통하여 발전협의회 전문가가 중심이 되어 일반농산어촌개발사업 중앙공모 신청을 위한 '예비계획서'를 세부적으로 재검토하고 각종 수정사항 등에 대하여 컨설팅하여 중앙공모사업들이 보다 더 많이 선정될 수 있도록 활발히 지원하였다.

이와 같이 함안군 발전협의회는 마을만들기 전담 행정조직과 함께 일반 농산어촌개발사업의 성공적인 추진을 위한 콘트롤 타워로서 역할을 전방위로 해왔다. 이와 연관하여 다음 파트에서는 매년 개최한 함안군(읍면·권역·마을)발전협의회 합동워크숍 실행 사례를 살펴보겠다.

🏠 7. 함안군 발전협의회 워크숍으로 소통하다

농림축산식품부 일반농산어촌개발사업의 성공적 추진을 위하여 설립한 '함안군 발전협의회'는 함안군 마을만들기 콘트롤 타워(Control Tower) 역할을 하였다. '발전협의회 읍면·마을권역 합동 워크숍'을 2013년부터 2018년까지 6년 동안 연 1회 정기적으로 개최하여 마을사업의 추진사항 보고회, 발전협의회 전문가 주제 발표, 마을만들기와 관련된 특수시책 논의, 사업 진행과정의 각종 문제점 토의 및 자문과 사업 종료 후 추진 사업의 평가 등의 역할을 수행하였다.

각 연도별로 워크숍 개최현황을 소개하는 데 워크숍의 목적이 함안군 발전협의회 위원, 읍면·권역·마을 발전협의회 위원(추진위원장), 사업 추진 유관기관인 한국농어촌공사, 함안지방공사, 사업 시행 협력업체 등이 한자리에 모여 중앙정부의 신규 정책 방향 공유, 각 마을사업장별 문제점을 토의하고 함안군 마을만들기의 추진 방향 등을 총괄적이고 종합적이 점검과 소통하는 자리인 만큼 매년 비슷한 주제로 진행되었기 때문에 일부 내용이 중복될 수도 있다.

1 제1회 발전협의회 워크숍 (2013년)

　2013년에 개최한 '제1회 발전협의회 읍면·마을권역 합동 워크숍'은 2013. 11월 7~8일 1박 2일 동안 통영시 금호 충무마리나 리조트에서 발전협의회, 읍면·권역 추진위원장과 사무장, 한국농어촌공사 경남본부와 함안지사, 함안지방공사, 함안군 기획감사실과 건설과, 각 해당 읍면장, 용역 업체 등 총 51명이 참석하여 개최하였다. 여기에는 마을사업이 선정되어 추진 중인 사업지구는 물론이고 중앙공모를 위한 준비 단계인 예비계획서 수립 대상 지구는 반드시 참석하여 업무연찬을 하였다.

　워크샵 1일차는 2014 일반농산어촌개발사업 추진사항 정기보고, 2015~19년 포괄보조 5개년 개발계획 수립 보고, 내년도 신규 공모사업 신청 예비계획서 작성 관련 토의 및 자문, 읍면·마을권역 해당지구별 분임토의, 그리고 전문가 주제발표를 하였다. 정*식 교수는 '지역주민들의 공동체 활성화 방안', 김*주 교수는 '일반농산어촌개발사업 우수사례 소개', 마*열 박사는 '신규사업 심사 기준 및 사전 준비사항', 윤*심 박사는 '농촌경관 사례 발표 및 접목방안', 한국농어촌공사 경남지역본부 강*길 차장은 '일반농산어촌 개발사업 개요 및 우수사례'를 발표하였다. 전문가 주제 발표는 계획 시간의 2배를 초과하여 진행될 정도로 참석자들의 관심을 많이 모았다. 위크샵 2일차는 실무 회의·토론, 우수한 마을사업장인 거제 둔덕시골마을을 방문하고 워크숍을 마무리하였다.

[그림 2-37] 제1회 발전협의회 합동 워크숍 관련사진 (출처:함안군 내부자료)

2 제2회 발전협의회 워크숍 (2014년)

2014년에 개최한 '제2회 발전협의회 읍면·마을권역 합동 워크숍'은 2014. 12월 4~5일 1박 2일간 창녕 부곡 레인보우 호텔에서 발전협의회, 마을사업 선정지구와 예비지구의 읍면·권역 마을사업장 리더, 한국농어촌공사 경남본부와 함안지사, 함안지방공사, 경상남도 농업정책과, 함안군 기획감사실과 건설과, 각 해당 읍면장, 용역업체 등 총 45여 명이 참석하여 개최하였다.

워크샵 1일차는 일반농산어촌개발사업 추진 사항 정기 보고 및 토론을 하고 전문가 주제발표를 했다. 정*식 교수는 '함안군 마을만들기 활성화 방안', 김*주 교수는 '사업추진 주요사항 및 발전방향', 윤*심 박사는 '농촌경관 우수사례 및 발전방향', 마*열 박사는 '함안군 발전계획수립의 추진방향', 그리고 한국농어촌공사 경남본부 강*길 차장은 '일반농산어촌개발사업 추진방향'을 발표하였다.

필자는 '함안군 마을만들기 추진 방향과 마을사업장 네트워크 구성'이라는 주제로 '함안군 마을만들기 지원조례'와 '마을만들기 리더연합회 운영규약'의 내용을 협약식 이전에 사전 설명하였고, 이어서 마을사업장 네트워크 구성 협약 체결을 하였다. 이리하여 소위 '함안군 마을리더연합회'가 이날 탄생하게 되었다.

제2회 발전협의회 읍면·마을권역 합동 워크숍에서 마을리더연합회 협약식을 하고 기념 촬영을 한 장면으로 각종 언론에서 보도되었다. 다음 날 위크샵 2일 차는 실무 회의·토론, 우수한 마을사업장으로 창녕 산토끼 마을, 우포늪을 방문하고 일정을 모두 마쳤다.

[그림 2-38] 제2회 발전협의회 합동 워크숍 보도내용

[그림 2-39] 제2회 발전협의회 합동 워크숍 관련사진 (출처:함안군 내부자료)

③ 제3회 발전협의회 워크숍 (2015년)

2015년에 개최한 '제3회 발전협의회 읍면·마을권역 합동 워크숍'은 2015년 7월 9~10일 1박 2일간 창녕 부곡 레인보우 호텔에서 발전협의회, 읍면·권역 마을사업장 리더, 한국농어촌공사 경남본부와 함안지사, 함안지방공사, 경상남도 농업정책과, 함안군 기획감사실과 건설과, 각 해당 읍면장, 용역업체 등 총 55여 명이 참석하여 개최하였다.

제3회 워크샵에서는 일반농산어촌개발사업의 성공적 추진방안을 논의하였으며, 함안군 마을만들기의 경과 과정 및 중점적인 시행방향을 제시하고, 각 마을사업장별로 중점적으로 추진해야 하는 소프트웨어 분야을 논의하였다. 그리고 한국농어촌공사 경남본부 책임자 초청특강을 통한 성공적인 일반농산어촌개발사업 방향에 대하여 토의하였다.

워크숍 1일차는 우선 일반농산어촌개발사업 추진 사항 정기 보고 및 토론회를 하고 발전협의회 공동위원장인 박*재 부군수와 정*식 교수, 경남농촌활성화센터장 국립경상대학교 김*주 교수가 특강을 하고 발전협의회 전문가의 관내 사업장 발전 방향에 대하여 주제 발표를 하였다.

특히, 이날 부군수는 함안군 마을만들기가 함안군 발전에 긍정적으로 접목될 수 있도록 '하나 되어 행복한 희망도시 함안'이라는 제목으로 함안 군정 전반에 대한 특강을 하였고, 정교수는 '농촌의 지역재생에 대한 필요성 및 방법'이라는 주제로, 윤박사는 '아라가야경관 및 스토리텔링'이라는 아이템으로 발표하였다.

이어서 함안군 미래전략기획단장은 함안군 마을만들기 이오(2.5)프로젝트 추진사항 보고와 함께 함안군 마을만들기 성공적 추진 전략에 대하여 설명하고 이와 관련하여 함안군 발전협의회 위원 3분 도움 발언을 하고 사업장별 중점 추진사항 및 지속적인 마을만들기 방안에 대하여 마을리더, 공사, 협력업체 등 참석자 전원 자유토론 시간을 주관하였다.

2015년 함안군 발전협의회 읍면·마을권역 합동 워크숍이 3회차로 접어들어 참석 대상 마을사업장이 어느 정도 늘어나면서 마을사업장의 리더들의 마을만들기에 대한 연계협력 인식과 적극적인 참여의식이 높아지기 시작하였다. 이날 워크숍 과정에서 함안군 발전협의회 위원들의 당부사항들을 살펴보면, 공동위원장인 박 부군수는 많은 관계자 여러분의 노력으로 우리 군 일반농산어촌개발사업에 희망이 보이며, 앞으로도 더욱 열심히 하시기 바란다는 격려를 하였고, 민간 공동위원장인 정*식 교수는 대산면 소재지 사업장에 교육프로그램별 차별된 주민참여는 실습위주의 프로그램 실시로 참여를 활성화하여야 할 것, 이령마을권역 사업장에 마을회관 리모델링, 쉼터 등 시설사업에 집중된 아쉬움이 있어 향후 개선할 필요가 있고, 함안면 소재지 사업장은 역량강화사업의 정확한 목표 설정으로 성과보다는 과정을 중시하고 벽화사업의 경우 대학생들의 재능기부 쪽으로 할 수 있도록 가교역할을 하겠다고 하였으며, 칠원읍소재지 사업장은 읍 승격에 대응하는 공동체교육의 필요성으로 강조하였고, 입곡마을권역 사업장은 훌륭한 경관을 바탕으로 한 주민들의 자발적인 참여로 소득 사업에 집중할 수 있도록 노력할 것과 함안군 마을만들기 마을사업장 전체적으로 자연경관생태의 보존을 위해 개발 후 지속적인 유지관리를 할 수 있는 계획 수립이 매우 중요하다고 강조하였고, 협력업체는 주민들과 긴밀한 관계를 유지하여 마을발전의 주체라는 인식으로 마을사업에 임하여야 할 것을 당부하였다.

윤박사는 함안군 마을만들기 실무계획가로서 열심히 노력하여 앞으로 더욱더 좋은 성과를 거둘 수 있게 하겠다고 하였으며, 김*출 부원장은 협력업체와 마을사업 추진협의체 간의 소통이 더욱 긴밀해야 더욱더 좋은 성과를 거둘 수 있을 것이라 강조하였다.

제3회 발전협의회 워크숍 당시 마을사업장별 세부 사업 현황을 살펴보면 읍·면 소재지 사업은 함안면 70억, 대산면 70억, 칠원면 70억, 군북면 55억, 그리고 권역과 마을사업은 칠북 이령 56억, 여항 여항산 43억, 산인 입곡 35억, 법수 법수산권역 36억, 칠서 무릉 9억, 대산 장포 5억, 군북 월촌 70억으로 읍·면 총 4곳과 마을 권역 총 6곳으로 사업비는 총 453억 원 규모였다.

워크샵 2일차에서는 함안군 마을리더연합회 자체 회의를 열어 12개 사업장 마을리더 네트웍 구축 및 다짐대회를 하고 우수한 마을사업장으로 우포가시연꽃마을을 방문하고 일정을 모두 마쳤다.

[그림 2-40] 제3회 워크숍 진행사진과 마을현장방문 사진 (출처:함안군 내부자료)

4 제4회 발전협의회 워크숍 (2016년)

2016년에 개최한 '제4회 발전협의회 읍면·마을권역 합동 워크숍'은 2016년 9월 8~9일 1박 2일간 창녕 부곡 레인보우 호텔에서 발전협의회, 읍면·권역 마을사업장 26개소 리더, 한국농어촌공사 경남본부와 함안지사, 함안지방공사, 경상남도 농업정책과, 함안군 기획감사실과 건설과, 각 해당 읍면장, 용역업체 등 총 90여 명이 참석하여 개최하였다.

제4회 발전협의회 워크숍의 주요 내용으로는 전문가 주제발표를 통한 일반농산어촌개발사업의 성공적 추진방안, 함안군 마을만들기사업장별 모니터링 및 피드백(feedback) 실시, 각 사업장별로 중점적으로 추진해야 하는 소프트웨어(S/W)분야 논의, 그리고 초청특강을 통한 성공적인 일반농산어촌개발사업 추진방향을 제시하는 것으로 구성하였다.

워크숍 1일차는 발전협의회 공동위원장 부군수와 정*식 교수의 인사말을 듣고, 미래전략기획단장의 함안군 마을만들기 추진방향과 이오(2.5)프로젝트의 경과보고를 하고, 한국농어촌공사 경남지역본부 지역개발부 강*길 차장의 일반농산어촌개발사업 특강이 있었고, 발전협의회 전문가 주제 발표가 이어졌다.

한국농어촌공사와 지방공사는 일반농산어촌개발 마을사업장 26개소, 즉, 농촌중심지활성화사업 5개소, 창조적 마을만들기사업 11개소, 2017년도 신규사업장 칠서면 중심지, 장암권역, 사촌, 신촌, 무기, 윤내, 신창, 대사 창조적마을만들기, 지역행복생활권 선도사업과 윤외와 외암 새뜰마을사업을 포함하여 추진사항을 보고하였다.

2016년 제4회 함안군 읍면권역마을 발전협의회 합동워크숍에는 박근혜 정부가 설립한 대통령 직속 지역발전위원회 정책사업인 '지역행복생활권사업'이 생겼는데 그중에서 취약지역 생활여건 개조사업이 주민역량을 강화시키는 소프트웨어사업을 기반으로 하여 정주생활여건을 개선하는 시설사업을 주민주도형으로 할 수 있는 사업으로서 마을만들기의 성격을 가지고 있었다.

따라서 지역행복생활권 선도사업과 법수면 윤외새뜰마을사업과 여항면 외암 새뜰마을사업을 함안군 마을만들기 마을사업의 범주에 포함시키고 마을사업장 리더들을 참석하도록 권장하였다. 그리하여 일반농산어촌개발사업은 물론 지역행복생활권 사업도 포함하여 함안군 마을사업장 총 30개소의 추진위원장과 사무장 등 50여 명의 마을리더가 참석하여 열띤 워크숍이 되었다.

이날 함안군 발전협의회 전문가 주제발표는 정*식 교수가 '2016 함안군 마을만들기사업 주민만족도 조사 결과', 김*주 교수는 '일본의 마을만들기 사례와 시사점', 윤 박사는 '살고 싶고 머물고 싶은 아라가야 함안' 이라는 주제로 발표하였다.

참석자 모두가 자유롭게 논의하는 '발전협의회 위원 및 참석자 100분 토론회'에서 이*희 부군수는 발전협의회 워크숍에 참여하여 주신 모든 분들의 노력 덕분에 우리군 마을사업이 성공적으로 추진되고 있으므로 앞으로도 우리군 지역사회 발전사업이 성공적으로 추진 될 수 있도록 계속 노력하여 주시길 참석자 모두에게 부탁드렸고, 윤 박사는 앞으로 마을사업은 경관분야에 대한 중요도가 높아질 것이기 때문에 마을리더분들도 경관분야에 대해 많은 관심을 가져 주시길 부탁드렸다.

이어서 김*출 부원장은 함안군 발전협의회는 마을리더연합회와 함안군의 가교역할을 담당하는 지원조직으로서 이번에 마을사업장 마을정관 작성을 위한 기초자료 마련 및 마을리더연합회의 법인등록을 위한 컨설팅 등 많은 역할을 이행하였음을 홍보했고 앞으로도 많은 마을리더분들이 발전협의회 전문가들을 자주 활용해 주시기를 바란다고 발언하였다.

군북면 중심지 활성화사업 추진위원장은 도시계획도로 부지매입비용이 높아 추진이 잘 안되고 있으므로 별도의 군비 마련 등 대책 마련을 요구하였고, 예산이 과다소요 된다면 추진위원회에서 세부 사업내용 변경 여부를 스스로 결정하여야 하며 별도의 군비 마련 부분은 담당부서와 협의가 필요할 것으로 답변이 되었고, 여항산권역 마을사업장 안사무장은 컨설팅 회사에서 사업장을 서로 비교 분석될 수 있도록 한국농어촌공사 직원 보강 요청이 있었다.

이에 정보교환을 통한 사업장 분석을 위해 한국농어촌공사 직원 보충은 현실적으로 어렵고, 앞으로 정기적인 리더연합회 회의를 통해 사업장별 정보교환의 장을 가지는 것이 대안이 될 것이라는 의견이 있었으며, 산인면 입곡권역 마을사업장 추진위원장은 지역주민들이 진정으로 원하는 사업은 추진에 제약이 너무 많다는 고충을 토로했으며, 사업내용 결정시 기본적으로 관련법 및 사업의 성격이 맞아야 하므로 우선순위를 선정하여 가능한 사업부터 우선 추진할 수밖에 없음에 양해를 구하였다.

창포마을사업장 추진위원장은 세부 사업중 건축분야는 컨설팅 업체도 잘 모르는 것 같고 또한 역량강화사업비가 고정되어 있어 마을만들기에 대한 기본적인 교육이 잘 이루어지지 않고 있다는 지적에 대하여 장포 마을을 포함한 장암권역 창조적만들기 역량강화사업에 추가 반영할 수 있다는 방법을 제시했다.

그 외에도 사업현장에서 발생하는 많은 논의들이 있었으며, 특히 내년도 신규 공모사업 신청 후보 마을의 주민대표들은 농식품부 일반농산어촌개발 마을사업들에 대한 이해도를 높이는 아주 좋은 계기가 되었다는 평가가 많았다.

이렇게 제4회 워크숍에 참석한 농식품부 일반농산어촌개발 마을사업장의 현황은 총 27개소 786억 원이었고, 대통령 직속 지역발전위원회 소관 지역행복생활권 사업은 총 3개소 약 80억 원 규모였다.

[그림 2-41] 제4회 워크숍과 마을현장방문 사진 (출처:함안군 내부자료)

위크숍 첫날 저녁 만찬에 참석한 함안군수는 앞으로 타 지역에 오지 않고 함안군 관내에서 마을만들기 합동 워크숍을 개최할 수 있도록 시설 확충에 노력하겠으며, 또한 오늘 참석하여 주신 분들의 열성적인 노력으로 함안시 승격을 위한 미래가 밝다. 따라서 함안시 승격을 위해 기반이 되는 마을발전사업을 보다 체계적이고 적극적으로 지원 하고자 금년 연말까지

전담부서를 과(課)단위로 신설하여 마을발전사업 지원에 만전을 기하도록 하겠다고 격려하였다. 워크샵 2일차에서는 함안군 마을리더연합회 자체 회의를 열어 27개 사업장 마을리더 네트웍 구축 및 다짐대회를 하고 우수한 마을사업장을 방문하고 일정을 모두 마쳤다.

5 제5회 발전협의회 워크숍 (2017년)

2017년에 개최한 '제5회 발전협의회 읍면·마을권역 합동 워크숍'은 2017년 12월 12~13일 1박 2일간 창녕 부곡 레인보우 호텔에서 발전협의회, 읍면·권역 마을사업장 34개소 리더, 한국농어촌공사 경남본부와 함안지사, 함안지방공사, 경상남도 농업정책과, 함안군 기획감사실과 건설과, 각 해당 읍면장, 용역업체 등 총 120여 명이 참석하여 개최하였다.

새 정부 출범으로 새로운 심사 기준에 더욱더 적극적으로 대응하고자 방송홍보분야, 역사관광분야, 경관조경분야, 건축디자인분야를 전문가를 추가로 위촉하여 마을사업장에 보다 실질적으로 분야별 컨설팅이 될 수 있도록 함안군 발전협의회를 확대 구성하였다.

[표 2-35] 제5회 워크숍 함안군 발전협의회 위원 현황

직책	성명	소속 및 직위	전문(담당)분야
공동위원장	김*화	함안군수 권한대행	
	정*식	경남대학교 교수 법정대학장	지역공동체
위원 (위촉)	이*용	경상남도 도의원	
	제*철	함안군 군의원	
	김*주	경상대학교 교수	농촌 계획
	마*열	경남발전 연구원 박사	도시 계획
	박*대	활성연구소 소장	생물산업 공학박사
	김*출	함안미래발전연구원 부원장	사회적경제 지도사
	임*정	임*정문화창작소 대표	방송홍보 아나운서
	김*영	경남발전 연구원 박사	역사/관광
	박*덕	㈜범한엔지니어링 박사	환경/수질
	이*명	동성조경㈜ 대표	경관/조경
	강*수	㈜서강건축사사무소 대표	건축디자인
위원 (당연)	최*호	농어촌공사 함안지역개발부장	
	안*건	함안군 건설과장	
	안상유	함안군 미래전략기획단장	마을만들기

　제5회 워크숍의 주요내용으로는 마을리더연합회의 마을사업장별 네트워크 활동 및 추진사항 모니터링, 마을사업장별로 중점적으로 추진할 사업 제시, 전문가 특강을 통한 일반농산어촌개발사업 발전모델 소개, 그리고 2018년 신규공모지구 사업 예비계획 검토 및 자문시간을 가졌다.

　워크숍 1일차는 발전협의회 공동위원장 김*화 군수 권한대행과 정*식 교수의 인사와 발전협의회 소속 도·군의원, 경남도, 지방공사사장 등 격려사 및 축사를 마치고, 미래전략기획단장의 지역발전사업장 마을만들기의 지속발전방향에 대한 특강을 하고, 발전협의회 공동위원장 정*식 교수와 한국농어촌공사 경남지역본부 전문가의 일반농산어촌개발사업 성공 및 부진 사례의 특강이 있었다.

각 마을사업장별 추진사항 보고는 농촌중심지활성화사업은 대산면, 함안면, 칠원읍, 군북면, 가야읍, 칠서면, 법수면 등 6개소, 창조적마을만들기 사업은 이령권역, 여항산권역, 입곡권역, 법수산권역, 파수권역, 장암권역, 사촌마을, 신촌마을, 무기마을, 윤내마을, 신창마을, 대사마을, 무릉마을, 장암마을, 장포마을, 갈마산마을, 평광마을 등 17개소, 지역행복생활권 사업은 낙동강변 상생협력 3CO선도사업과 윤외 새뜰마을, 외암새뜰마을 등 3개소에 대하여 사업별로 추진사항을 보고하고 점검하는 시간을 가졌다.

2017년 제5회 워크숍 당시 일반농산어촌개발사업과 지역행복생활권 사업현황 중에서 2018년 추진 신규로 선정된 마을사업 지구는 총 7개소로 법수면중심지활성화사업 60억, 백이산권역마을 40억, 달전마을, 강지마을, 응암마을, 안기마을, 봉곡마을은 각각 사업비 5억 원으로 총 사업비는 125억 원이었고 함안군 지역역량강화사업으로 2억 원을 확보하였다.

미래전략기획단장 주관으로 지역발전 마을사업장을 통한 함안군 마을만들기의 지속성장 방향에 대한 특강과 함께 참석자들 모두가 참여하는 자유토론 시간을 가졌다.

평광마을사업장 사무장은 평광 창조적 마을만들기사업 관련해서 마을회관을 리모델링하는 것으로 알고 있다. 16년도에 완공된다고 했는데 아직까지 완공이 안 되고 있어 추진과정 정보공유와 신속한 추진이 되었으면 좋겠다고 하고, 농어촌공사 임*필 대리는 평광 예비계획과 기본계획에서는 리모델링으로 추진해왔지만 진행과정에서 신축하는 것과 리모델링하는 것이 가격 차이가 없어 신축으로 계획을 변경하게 되면서 공사 기간이 들어났다. 이미 주민들께 이야기했지만, 전달이 미비하게 된 것 같으며, 앞으로는 소통이 잘되도록 노력하겠다고 답변하였다.

법수산권역 추진위원장은 기획, 시행, 공사 등으로 조직이 분산되어 있다보니 주민은 빨리 진행하고 싶은데 집중이 안 되고 너무 오래 걸리는 것 같다. 2년동안 우리 추진위원회에서 토론하고 의논하고 심사숙고해서 결정한 사항을 사업담당자가 안 된다고 해서 무산된 적도 있다. 쉬운 사업부터 먼저 해야 하는데 어려운 것부터 해결하고 동시에 추진하려고 보니 사업이 더 늦어지는 거 같으니 추진 방식을 여건에 맞게 탄력적으로 운영하였으면 좋겠다고 하였고, 미래전략기획단장은 건의된 사항을 포함하여 위크숍 개최 결과를 건설과에 통보하겠다고 답변했다.

여항산권역 사무장은 5회째 발전협의회에 참석하고 있지만 진행방식이 매번 똑같다. 추진사항 발표시간을 줄이고 애로사항 청취 및 토론 시간을 늘렸으면 좋겠다고 하였다. 이에 미래전략기획단장은 각 지구별 추진사항을 점검하고 공유하는 것도 발전협의회의 입장에서 중요하다. 자유토론 때 하지 못한 문의 사항이 있을 때 발전협의회 위원에게 문의를 해주시면 언제든지 답변을 해드리도록 하겠다고 하였다.

마산마을사업장 추진위원장은 현재 공모, 시행 등 부서가 다 따로이고 복잡해서 조직을 단순화시킬 필요가 있다고 생각한다. 즉, 공모, 시행, 관리까지 할 수 있는 일원화된 조직을 만들어야 된다고 하였고, 미래전략기획단장은 일원화된 전문부서 조직은 군 조직의 전반적인 진단과 심층 분석을 해야 하며, 조직을 바꾸게 되면 현재 있는 어느 한쪽 조직은 축소가 되어 조직의 균형이 깨질 수 있으므로 신중히 접근해야 할 것이다.

입곡권역 추진위원장은 사업비 부족 및 사업 기간 종료로 소프트웨어사업을 1개밖에 하지 못했다. 내년부터는 동아리 운영이나, 축제 개최 등 어떻게 운영해야 할지 막막하니 사업비를 추가로 신청을 할 수 있는지 알고 싶다고 질문하였고, 미래전략기획단장은 입곡권역마을사업장에만 사업비를 더 지원하게 된다면 다른 지구들과의 형평성 문제가 있으므로 준공된 다른 지역 마을권역과 연계된 역량강화사업 추진 시 함안군 마을리더연합회 차원에서 지원하는 방안을 강구해 보도록 준공된 5개 권역과 협의하여 사업계획서를 제출하도록 권고하였다. 이에 조*국 마을리더연합회 회장은 마을리더연합회는 모든 마을사업장과 문화협약이 되어있으니 사업계획서를 작성하여 제출하면 적극적으로 지원 검토 하겠다고 응수하였다.

입곡권역 사무장은 지역역량강화사업이 매우 중요하지만 사업이 끝나게 되면 소프트웨어사업만 이월이 될 수 있는지 궁금하며 사업이 끝나도 컨설팅사의 지원을 받을 수 있는지 궁금하다는 질의를 하였고, 미래전략기획단장은 마을사업이 종료된 후 소프트웨어사업 이월이나 연장은 불가능하지만, 사업이 끝나기 전에는 연장이나 이월은 가능하다. 그리고 사업이 끝나고 지원을 받으려면 마을리더연합회를 통한 다른 권역과 연계된 소프트웨어사업을 생각해 보시기 바란다고 답변하였고, 이어서 함안군 발전협의회 위원들께서 릴레이 발언을 하기 시작하였다.

발전협의회 공동위원장 김*화 부군수는 오늘 워크숍은 한 해 동안의 사업을 되돌아보고 내년을 대비하는 자리라고 생각한다. 우리 사업은 현재 34개 지구 940억의 사업이 추진 중이고, 이런 높은 성과를 낼 수 있는 이유는 함안군 발전협의회와 여러분 덕분이라고 생각한다. 그리고 마을사업을 추진하는 데 사업비 확보도 중요하지만, 성공적으로 추진하여 완료하는 것도 중요하다. 따라서 오늘 이 워크숍을 통해 지금까지의 문제점을 되짚어 보고 주민들에게 꼭 필요한 사업이 추진 될 수 있도록 노력해 주실 것을 당부하였다.

공동위원장 정*식 교수는 이런 워크숍을 진행할 때마다 역량강화사업의 중요성에 대해 느끼는데 윤외마을사업장의 토피어리 사업은 아주 좋은 아이디어라고 생각한다. 협력업체에서 역량강화 프로그램을 잘하고 있지만 강사, 교육 등 조금 더 신경을 써야 하고 행정에 대한 의존심을 버려야 하며 주민이 자기주도적으로 할 수 있는 역량을 키우는데 더 많은 노력을 해야 된다. 저희 발전협의회는 주민들의 편으로 모두가 상생 발전할 수 있도록 여러분들을 적극 지원도록 노력하겠다고 하였다.

이어서 김*출 위원은 내년에 지방선거가 있다. 이와 관련하여 주민들이 힘을 모아 함안군 마을만들기를 적극적으로 지원하는 후보를 뽑도록 해야 마을사업이 지속적으로 성장 발전할 수 있을 것이다고 하였고, 박*대 위원은 함안군 지역발전을 위한 마을사업장이 34개 지구 940억으로 1개 군으로는 많은 지구 수 및 사업비인 것을 알 수 있다. 한 가지 제안을 하자면 34개 지구에 무궁화동산을 만들어서 전국적인 명소로 만들어 무궁화를 통한 방문객 증대 및 소득창출을 추진해 보시기 바란다. 무궁화는 피부병 예방 및 무궁화를 먹인 한우, 무궁화 뿌리로 만든 술 등 상품으로도 활용가치가 높고 2~3년뒤 무궁화로 유명한 함안군 마을사업장이 되었으면 한다고 발언하였다.

한국농어촌공사 소속 최*호 위원은 마을사업이 잘돼서 수익을 내면 좋지만, 사실상 이러한 마을사업으로 수익을 내기는 어렵다. 마을사업의 목적은 사업을 추진하여 공동체를 활성화하고 행복한 농어촌마을을 만드는 것이 이 사업의 목적이다. 행복마을만들기에서 국무총리상을 수상한 강주마을은 주민들 모두가 행복해하고 있는데 이런게 우리 사업의 가장 잘된 사례이며 사업의 목적이라고 할 수 있으니 무리한 소득 사업보다는 주민이 행복을 느끼는 사업들을 추진하는 것이 바람직하다고 생각한다고 하였다.

임*정 위원은 함안군 마을만들기 마을사업장 주민들의 웃는 모습을 담고자 홍보영상을 제작 중이다. 마산마을사업장 위원장님이 마을노래 동가를 만들 수 있게 도와달라고 하셨는데 그 모습이 아주 보기가 좋았고, 항상 웃음이 꽃피는 행복한 마을을 만드는 것이 이 사업의 목표가 되었으면 좋겠다고 하였다.

이어서 박*덕 위원은 함안군 마을만들기 운동이 성공하려면 우선 깨끗한 주변 환경이 조성되어야 한다. 하수처리장과 같은 환경정화시설을 추가로 설치하여 하천을 깨끗이 하는 세부 사업도 마을사업에 적극 반영되었으면

한다고 의견을 내었다. 이와 같이 함안군 발전협의회 위원들의 조언을 듣고 만찬 및 한마음 다짐대회를 하고 1일차를 마무리 하였다.

워크숍 2일차는 여느때와 같이 마을리더연합회 주관으로 지역발전 마을사업장 마을리더 네트워크 활성화와 정기회의를 개최하고 우수 사업장으로 경북 성주군 벽진면 소재지정비마을사업 현장을 방문한 후 폐회했다.

[그림 2-42] 2017 제5회 워크숍과 마을현장방문 사진 (출처:함안군 내부자료)

6 제6회 발전협의회 워크숍 (2018년)

　2018년에 개최한 '제6회 발전협의회 읍면·마을권역 합동 워크숍'은 2018년 11월 15~16일 1박 2일간 창녕 부곡에서 발전협의회, 읍면·권역 마을사업장 39개소 리더, 한국농어촌공사 경남본부와 함안지사, 함안지방공사, 경상남도 농업정책과, 함안군 기획감사실과 건설과, 각 해당 읍면장, 용역업체 등 총 150여 명이 참석하여 개최하였다.
　발전협의회 위원 중에 기존의 경남도 의원과 함안군 의원이 지방선거 결과 자격이 상실되어 경남도의회 농해양수산위원 빈*태 의원과 함안군 의회 윤*수 의원을 변경 위촉하고 최근 수요가 증가하는 CCTV 등 주민안전시설분야에 종사하는 전문가를 추가 위촉하여 함안군 발전협의회가 더욱더 활기차게 마을사업장에 분야별 컨설팅을 할 수 있도록 확대 구성하였다.

　제6회 워크숍의 주된 내용은 마을사업장이 여러 지구로 많아짐에 따라 사업장별 네트워크 활동 및 추진사항을 모니터링하고, 마을만들기사업장별로 중점 추진할 사업 등 토의, 특강을 통한 일반농산어촌개발사업 발전 방향 제시하였고, 2019년 신규공모지구 사업 예비계획 검토와 자문 등을 실시하였다.
　워크숍 1일 차는 발전협의회 공동위원장 이*석 부군수와 정*식 교수의 인사말, 함안군수, 도의원, 군의원, 경남도, 지사장 등 격려사를 마치고, 함안군 발전협의회 전문가 주제 발표시간을 가졌다. 정*식 위원장은 '주민자치와 농촌재생 마을만들기', 김*출 위원은 '도농한마음 그린투어 트임 사업의 시행 결과 시사점'이라는 주제로 발표하였다.
　발전협의회 전문가 주제발표 이후에 2019년 추진할 신규선정 사업으로 산인면기초생활 거점육성사업, 도음마을, 유상마을, 오곡마을, 강외마을 등 5개 지구의 소개와 현재 완료 또는 진행 중인 지역발전 마을사업장별 추진 사항을 보고하는 시간을 가졌다.

제6회 워크숍 당시 지역발전 마을사업장 현황으로 농촌중심지활성화사업장 대산면, 함안면, 칠원읍, 군북면, 가야읍, 칠서면, 법수면 등 7개 지구, 창조적마을만들기 이령마을권역, 여항산마을권역, 입곡마을권역, 법수산권역, 파수권역, 장암권역, 사촌, 신촌, 무기, 윤내, 신창, 대사, 무릉, 장암, 장포, 갈마산, 평광, 백이산권역, 달전, 강지, 응암, 안기, 봉곡마을 등 23개 마을사업장과 지행복생활권 3CO선도사업, 윤외새뜰마을과 외암새뜰마을 등 3개 지구, 시군지역역량강화사업 등 총 40개 지구에 약 1,000억 원 규모의 마을사업장들의 추진 사항에 대하여 개괄적으로 점검하는 시간을 공유하였다.

[표 2-36] 2018년 제6회 워크숍 당시 지역발전 마을사업장 현황

내역 사업명			사업명	지구수	사업비 (억 원)
합 계				39	1,000
일반 농산어촌 개발사업 (농식품부)	농촌중심지 활성화 기초생활거점		가야읍, 칠원읍, 함안면, 군북면, 대산면, 칠서면, 법수면, 산인면(19년)	8	503
	마을 만들기	가야읍	도음(19신규)	28	403
		칠원읍	무기, 장암종합, 달전, 유상(19신규)		
		함안면	파수권역, 대사, 강지, 강외(19신규)		
		군북면	사촌, 신촌, 신창, 평광 백이산권역, 오곡(19신규)		
		법수면	법수산권역, 윤내, 응암마을		
		대산면	장암권역, 장포, 갈마산마을		
		칠서면	무릉종합, 안기마을		
		칠북면	이령권역		
		산인면	입곡권역		
		여항면	여항산권역, 외암지구, 봉곡마을		
지역행복 생활권 사업 (균형위)	연계협력	함안, 창원	낙동강변 상생협력 3Co구축	1	40
	새뜰마을	법수, 여항	윤외지구, 독뫼지구	2	54

이어서 미래전략기획단장의 함안군 마을만들기의 지속 성장 방향에 대한 특강과 함께 참석자들이 자유롭게 의견을 주고받는 시간을 가졌다.

대산면 마산마을사업장 위원장은 전체적인 구조에서 마을리더연합회가 일하기 좋은 환경을 만들어 줄 수 있는 행정지원조직이 필요하며 그 역할을 미래전략실에서 잘하고 있다고 생각하고 있는데 조직개편이 된다고 하니 매우 안타깝게 생각한다. 그리고, 각 마을사업장별 진단을 통해 장·단점을 파악하여 장점은 발전시키고 단점은 보완해야 하지만 그렇지 못한 것이 아쉽다. 그린투어 트임(T-YM)은 참 좋은 계획이지만 가야권에만 치우쳐 있고 그 외 지역은 프로그램이 없으니 칠원권의 마을사업장들도 참여할 수 있도록 기회를 부여해 주길 바라며, 그렇게 진행된다면 많은 사람들이 관심을 가지고 함께 참여할 수 있을 것으로 예상된다고 하였다.

이에 미래전략기획단장은 미래전략기획단의 중앙공모기획과 주민역량강화사업, 그리고 건설과 시설사업 담당부서를 합치면서 혁신성장담당관으로 조직을 확장 개편할 예정이라 소프트웨어사업과 하드웨어 사업을 같은 부서에서 진행 및 관리할 수 있도록 할 것이고, 그린투어 트임(T-YM)사업은 마을리더연합회가 주체가 되어 함안군 전역으로 확대 운영해야 될 것으로 판단된다고 하였다.

마을리더연합회 전*수 부회장은 각 사업장별 위원장 및 사무장들은 담당 마을의 구성 인원 분포, 내부 문제, 앞으로의 발전 방향에 대한 현황을 잘 파악하고 있으나, 마을주민역량을 강화하기 위해 어떠한 교육이 필요한지는 잘 모르고 있다. 이 문제는 모든 마을리더분들의 애로사항일 것으로 예상되지만 행정 담당자에게 건의를 해도 반영이 잘 안되는 것 같아서 각 마을리더분들은 필요한 내용에 대해서는 꾸준히 건의해야 할 필요가 있다. 예를 들면 우리 장암마을의 경우 시설사업 준공 후 어떤 식으로 마을 발전을 해야 할지 향후 계획을 마을 분들과 함께 고민하고 준비하고 있으며, 농산물 체험마을로 진행하기 위해 필요한 교육을 받고 있다. 그리고 군청 행정조직 개편 후 각 마을사업장별 정확한 목표 설정 및 효율적인 교육 시스템 파악이 필요하고, 이미 진행되었던 사업에서 적용되었던 교육프로그램들을 전면적으로 검토하여 매뉴얼화 하는 작업을 군청과 한국농어촌공사, 지방공사가 협력적으로 추진하여 각 마을사업장 추진위원에게 공유해 주었으면 좋겠다고 하였다.

이에 함안군 미래전략기획단장은 하드웨어적인 부분은 예산 부족으로 인하여 즉시 진행하는 것에 어려움이 있지만, 각 마을에서 주민 교육적인 부분을 요청하면 곧바로 진행이 가능하고, 참여인원이 적을 경우 여러 마을을 합하여 공동교육도 가능하니 참고 바란다고 하였다.

군북면중심지활성화사업 추진위원장은 공모사업 확정 후 1년 차 역량강화사업뿐만 아니라 2년 차부터 하드웨어적인 시설사업이 시행되는 것을 바란다. 현재 하드웨어적인 부분을 시작한 것이 있으나 아직도 완공이 되지 않아 민원 발생이 매우 많은 실정이기 때문에 시작된 하드웨어 사업은 민원 발생 전에 조속한 마무리가 필요하다고 하였고, 이에 함안군 미래전략기획단장은 이 문제는 모든 사업장에서 공통적으로 발생되는 민원이며, 이와 관련된 것은 건설과 농업기반 담당이기 때문에 잘 전달하여 향후 추진 일정에 대해 검토해서 조속히 조치가 되도록 하겠다고 답변하였다.

여항산권역 위원장은 각 마을 위원들이 공모사업이 선정된 후 관리가 되지 않는 부분을 건의하고 있으나 토론회를 통해 수렴되는 의견들이 행정적인 부분에 잘 반영되지 않는 것 같다. 따라서, 함안군 발전협의회와 마을리더연합회가 향후 서로 잘 소통할 수 있는 자리가 마련되어 실질적으로 발전협의회 위원들이 어떤 일을 하는지 파악하고 마을사업장별로 어떠한 도움을 받을 수 있는지 공유하여 협력적으로 마을사업을 추진한다면 더 좋은 결과를 기대할 수 있을 것 같다.

이에 미래전략기획단장은 함안군 마을만들기가 한 차원 업그레이드는 되었으나 아쉬운 부분이 있으며, 함안군 발전협의회와 마을리더연합회가 소통할 수 있는 자리를 주선하도록 하겠다고 답하였다.

입곡권역 사무장은 올여름 입곡마을권역에서 물놀이 사업을 추진하였는데 물놀이 진행 노하우를 다른 지역 사무장으로부터 전수받았다. 함안권역 내에 사무장들이 더 있다면 상호 정보공유 및 활성화를 위하여 사무장 네트워크를 만들 필요가 있다고 생각한다고 했다.

이에 미래전략기획단장은 함안군 사무장 네트워크의 조속한 구성이 필요한 것은 사실이며, 그린투어 '트임(T-YM)' 사업을 진행하면서 사무장들 상호간에 업무 네트워크를 형성할 수 있도록 추진해 보자고 하였다.

가야읍 중심지활성화사업 사무장은 함안군 관내 마을사업장 사무장 모임 밴드(SNS)를 만들었으나 활성화가 되지 않고 있다. 따라서 각 마을권역의 마을사업이 잘 진행될 수 있도록 하는 방안에 대해 고민하고 체계적인 운영을 검토해 보도록 하자고 하였다. 그리고, 하드웨어 담당 실무부서인 건설과가 반드시 참석해야 했으나 불참한 것은 유감으로 생각하고 이러한 행사에 시설담당부서의 참여를 의무화했으면 한다. 또한 군에서는 주민들에게 요구사항을 요청하라고 하지만 주민들은 어떤 것을 요구해야 할지 모르는 막연한 상황이므로 전체적인 사업의 방향을 군에서 먼저 알려주면 주민들이 아이디어를 제안할 수 있을 것 같다. 마을리더연합회 회원들이 자주 모여 의견을 수렴할 필요가 있으며, 이때도 건설과가 꼭 참석했으면 한다. 내년 워크숍 시에는 주민들이 프로그램 기획 단계부터 함께 참여해서 주민 의견들도 반영하도록 하는 등 주민이 주체적으로 참여하는 기회가 많아졌으면 좋겠다는 의견이 있었다.

이어서 발전협의회 위원들의 자유발언이 있었다. 김*출 위원은 마을사업 진행에 있어 여러 가지 어려움이 있겠지만 그것을 타개하는 방법은 마을리더연합회 회원과 주민들이 연구하고 고민하고, 군의원 등 기관에 건의하여 타개해야 할 것이다. 박*하 위원은 함안군 통합관리센터 유지관리를 총괄하고 있으며 마을 CCTV 관련해서는 ICT와 보안 쪽으로 강화시키도록 건의 하겠다. 박*덕 위원 함안군 마을만들기 발전을 위해 적극 노력하겠다고 하였다.

박*대 위원은 본인은 농어촌 및 식품 관련하여 특허를 많이 보유하고 있기 때문에 각 마을별로 개발 가능한 먹거리 또는 상품을 의뢰하면 같이 고민하도록 하겠다. 함안 역사를 공부해 보면 재밌는 내용이 많고 각각이 마을마다 그 내용을 바탕으로 자기 마을의 특색을 만들어 내는 것을 추천하며, 발전협의회 위원들과 마을리더분들이 함께 고민할 수 있도록 해야 한다. 단순히 농산물을 판매하는 것에 그치지 말고 특색 있는 식품을 개발해서 고부가 가치의 제품으로 팔 수 있도록 하여 수익 창출을 해야 한다. 가령, 가락국수, 다인선의 뜨락 등 특허를 등록해 놨으며, 함안군에서 사용가능하고, 향후 마을 투어 시 마을 특성에 따른 개발되는 항목을 선정하여 특허 진행에 도움을 드리겠다고 하였다.

윤*수 위원 향후 함안군 발전협의회, 군의회, 함안군 행정을 차근차근 맡아서 잘 진행될 수 있도록 하겠다. 한국농어촌공사 안*범 위원은 발전협의회가 과거보다 더 활성화된 것 같아 기쁘며, 지역발전 마을사업에 있어서 함안군이 경상남도에서 선두주자라고 생각하며 함안군민들과 함께 삶의 질을 높일 수 있도록 한국농어촌공사도 노력하겠다.

임*정 위원은 마을만들기 운동은 함안군 마을마다 새로운 문화를 만드는 것이기 때문에 함안군 마을만들기 홍보영상 촬영 시 스토리텔링을 가미하기 위해 고민을 많이 하고 있다. 각각의 마을마다 부각하고 싶은 내용이 있으면 언제든지 말해 주시면 주민 곁에서 항상 귀담아듣겠다고 하였다. 이어 함안군 미래전략기획단장은 홍보영상 촬영 목적은 함안군 마을만들기 홈페이지에 올려 도시민들이 보고 방문할 수 있도록 하는 것뿐만 아니라 마을 주민들간의 유대관계 향상과 함께 주민 자긍심을 고취하도록 하는 것이니 모든 마을이 참여하여 함께 마을사업을 추진해 주시길 바란다고 하였다.

공동위원장 정*식 교수는 함안군 마을만들기는 정체성과 좋은 생각을 가지고 있으나, 좋은 사례들을 공유하는 시스템이 되어있지 않기 때문에 교육, 조정, 자문, 연구 등 통합발전 연구원지원센터를 설립하여 좋은 사례들을 데이터베이스화하는 것이 필요하고, 마을사업은 주민자치 사업이기 때문에 주민단위, 마을단위로 수립할 수 있다. 그리고, 모든 건의 사항이 반영될 수 있는 공론의 장이 되었으면 하는 의견에 절대적인 공감을 하며 이러한 자리가 정기적으로 진행된다면 더 발전된 함안군이 될 것이라고 기대한다고 하였다. 이와 같이 함안군 발전협의회 위원들의 조언을 듣고 만찬 및 한마음 다짐대회를 하고 1일 차를 마무리하였다.

워크숍 2일차는 마을리더연합회 정기총 및 네트워크 구축 활동을 하고 인근의 우수 마을사업장을 방문하고 워크숍을 종료하였다.

[그림 2-43] 2018 제6회 워크숍 진행 사진 (출처:함안군 내부자료)

8. 지역공동체 활성화 지원센터를 설립하다

 필자가 2012년도 하반기부터 마을만들기를 시작하여 2~3년이 지나면서 마을만들기를 활용한 일반농산어촌개발사업 등 중앙정부 공모사업을 다수 확보하였고, 이에 따라 마을만들기 중간지원 조직의 필요성을 인지하기 시작하였다. 그리하여 수차례에 걸쳐 중간지원 조직 설립을 계획하였으나, 근무 인력 등 인건비 총액제에 지배를 받는 지자체의 고충 등의 문제로 인하여 2018년 12월 말 함안군 미래전략기획단이 역사 속으로 사라지고 필자가 의회 전문위원으로 전임할 때까지도 마을만들기 중간지원 조직은 설립하지 못하였다.
 그 후 농림축산식품부의 '농촌협약' 제도가 생기면서 중앙공모 조건으로 '전담부서'와 '중간지원 조직'을 필수요건으로 내세웠고 2020년 1월 필자가 혁신성장담당관[40]으로 부임하면서 마을만들기 중간지원 조직 설립에 착수하였다.

[표 2-37] 중간지원 조직 설립형태 비교

구분	함안군 직영	민간위탁	비영리 법인
장점	• 조직의 안정성 확보 • 신속한 사업 추진 용이	• 전문성 및 자율성 확보 • 공무원의 비전문성 극복	• 전문성과 지속성 확보 • 독립성과 자율성 확보 • 주민역량강화사업추진 용이
단점	• 지속성 및 전문성 부족 • 독립성 및 자율성 제한 • 주민자치역량향상 저해	• 사기업 영리추구 • 인건비등 예산낭비 과다 • 사업의 지속성확보 애로	• 부족예산 행정지원

 위의 [표 2-37]에서 보는 바와 같이 중간지원 조직의 형태와 운영에 대하

---

40) 과거에 미래전략기획단의 중앙공모 사무에다가 대통령주요정책업무, 감사담당, 일자리담당, 녹색에너지담당 등을 소관사무를 더하여 2019년 1월 1일 설립된 부군수 직속 실과 단위 부서임.

여 여러 타 시군의 사례를 조사하고 심층분석 하여 최종적으로 '비영리 사단법인'의 형태로 설립하기로 결정하고, 담당 사무는 기존의 도시재생지원센터와 농촌마을만들기지원센터의 두가지 기능을 합친 통합조직으로 설립하고자 추진하였으나, 부서 할거주의(割據主義) 등의 사유로 인하여 도시재생지원센터와는 통합하지 못하고 농림축산식품부 소관 마을사업만으로 중간지원조직을 설립할 수밖에 없었다. 비영리 법인의 명칭은 '사단법인 함안군 지역공동체 활성화지원 센터'로 하였고, 법률적 기반으로 "함안군 지역공동체 활성화 지원조직 설립 운영에 관한 조례"(조례 제2583호)가 2020. 7.14. 제정하였고,[41] 이사회는 민간, 대학, 행정 등 거버넌스형으로 약 20명 내외로 하였다.

센터장은 비상근 무보수로 하지만 활동비나 회의 수당 등은 지급하기로 하였고, 사무국에 국장 1명과 사무원들은 마을만들기분야 전문가를 공개채용하기로 하였다. 소관사무로는 농촌협약, 일반농산어촌개발사업 등 마을사업장의 지역역량강화사업 지원, 주민 소득창출을 위한 마을기업 설립 등 사회적 경제 분야 지원, 청년친화도시 사업, 청년의 지역사회참여 지원 등으로 하였다.

조례에서 세부적으로 명시한 수행사무는 정부공모사업의 응모를 위한 각종 사업계획 수립, 농식품부, 국토부 등 지역역량강화사업의 연구, 계획, 시행 등, 도시 농촌 등 각종 지역발전사업 계획수립, 사업시행, 심사, 평가 등, 도시재생대학, 마을만들기 등 주민주도 아카데미, 현장포럼 등, 도시재생, 마을만들기 등 지역공동체 활성화사업 관련 일체, 청년 공동체 활성화 지원, 청년의 지역사회 참여 지원, 마을홍보, 마을축제, 함안 팸투어 트임(T-YM)사업 등 지원, 함안군민 역량강화와 지역 공동체 활성화 사무 전반, 주민자치회 활동지원, 주민자치역량강화 교육 및 컨설팅, 주민자치계획 수립, 자문, 지원, 자치사업의 평가와 피드백, 기타 함안군(유관기관)과 위·수탁한 각종 사업 등, 함안

----
41) 본 조례는 2021년 11월에 함안군 마을만들기 지원에 관한 조례 등을 통폐합하면서 사실상 폐지되어 사단 법인의 지원과 관리 및 운영에 관한 법률적 근거가 매우 미비한 것으로 보임.

군 발전협의회, 도시재생사업자문회의, 법인이사회 회의 등으로 하였다.

그리고 함께 수록하려고 하였던 도시재생 분야는 도시재생사업 담당부서인 도시건축과의 지속적인 반대로 최종적으로 제외하였으며, 이러한 문제가 행정기관 내 할거주의(割據主義)의 대표적인 사례라고 할 수 있다.

사단법인의 운영 재원은 2021년 말까지는 경상남도 사회혁신 중간지원 조직 공모에 선정되어 2억 5천만 원을 확보하였고, 2022년 이후부터는 지역역량 강화사업 수탁 시행으로 인한 자체 수익금으로 충당하는 것으로 계획하였다.

사단법인 정관, 총회와 이사회 운영 규정, 법인 내규 등 운영 관련 각종 법규를 제정하여 법인 설립을 위한 '발기인 대회 및 창립총회'를 2020. 7. 24. 군청 3층 대회의실에서 개최하였다.

[표 2-38] 사단법인 설립 승인신청 창립총회

구분	시간	주요 내용	비고
1부 시상식 위촉식	15:00 ~ 15:25	■ 아라농촌마을 재생사업 시상 (10개 마을) ■ 함안군 발전협의회 위원 위촉식	■ 군수 - 표창장 수여 - 위촉장 수여
2부 창립총회	15:25 ~ 16:00	■ 개회 선언 ■ 법인설립 취지 및 경과보고 ■ 발기인대표(군수) 인사말씀 ■ 법인설립 관련 사항 심의의결 (5건) ■ 폐회 선언 ■ 회의록 서명날인 등	■ 군수 - 발기인 대표 인사말씀 - 총회 주재
		휴 식	
3부 조례 및 정 책설명회	16:10 ~ 16:25	■ 「함안군 지역공동체 활성화 지원 조직 설립 운영에 관한 조례」 ■ 「함안군 마을만들기 지원 등에 관한 조례」 ■ 농촌자원분야 소득창출 시책 등 안내 ■ 트임(T-YM) 시행방안 안내	■ 혁신성장담당관
4부 발전협의회 리더연합회	16:25 ~ 17:00	☞ (장소이동-2층 소회의실) ■ 함안군 발전협의회 회의 - 지역 역량 강화 사업 검토 및 자문 ■ 함안군 마을리더연합회 회의 - 트임(T-YM) 시행방안 자유토론	■ 공동위원장 - 인사말씀 - 회의 주재 ■ 마을리더연합회 자체 회의

사단법인 창립총회 주요 내용으로는 설립 취지문 채택, 정관 의결, 회원, 이사회, 임원선임 등을 하였다. 이사장은 함안군수로 하고 이사는 함안군 발전협의회, 마을리더연합회, 주민자치협의회, 청년대표 및 관계공무원으로 구성하였다.

[표 2-39] 함안군지역공동체 활성화지원센터 발기인 명단 (출처:함안군 내부자료)

연번	구분	성 명	주요약력 (전문분야)	직책
1	대 표	조근제	함안군수	이사장
2	함안군 발전 협의회	정*식	경남대학교 교수 (지역공동체)	이사
3		김*출	뉴스인함안발행인 (사회적경제, 언론)	
4		박*대	활성연구소 소장 (농공학)	
5		임*정	임*정문화창작소대표 (방송, 홍보)	
6		박*하	유명통신 대표 (안전, 시설)	
7	함안군 마을리더 연합회	안*준	함안군 마을리더연합회 회장	
8		이*균	함안군 마을리더연합회 부회장	
9		전*수	함안군 마을리더연합회 부회장	
10		이*호	함안군 마을리더연합회 사무국장	
11	함안군 주민자치회	한*현	함안군 주민자치협의회 회장	
12		오*율	함안군 주민자치협의회 사무국장	
13	청년대표	이*주	함안인싸 대표	
14		박*민	함안농부협동조합 대표	
15	관계 공무원	임*택	함안군 행정과장	
16		안상유	함안군 혁신성장담당관	
17		신*철	함안군 혁신성장담당관 감사담당	감사

사단법인 함안군지역공동체 활성화지원센터 발기인 모두가 공동으로 채택한 설립취지문에서 보는 바와 같이 함안군은 도시재생사업 등을 포함한

사람 중심의 주민주도형 모든 마을사업을 지원할 수 있도록 의도한 바와 같이 「함안군 지역공동체 활성화 지원센터 설립·운영에 관한 조례」에 따라 함안군이 주도적으로 설립하고, 학계와 전문가가 자문하며, 민간이 자치적으로 운영하는 관(官)과 민(民)의 중간 형태의 전형적인 거버넌스 조직으로 주민과 행정의 중간에 서서 주민자치형 역량강화사업, 주민참여형 소득창출 사업, 주민주도형 정부공모사업 등의 기획은 물론 주민역량을 증강시키는 제반 사업들을 성실히 수행하면서 함안군민의 단합과 지역공동체의 활성화를 추구하여 군민의 행복과 삶의 질 향상을 위하여 최선의 노력을 다하는 중간지원 조직으로 탄생시키고자 하였다. 그러나 결국에는 도시재생사업 지원업무를 포함하지 못하는 아쉬움은 있었지만 그래도 단순히 농림축산식품부의 '농촌협약'의 중간지원 사무만 하는 것이 아니라, 지역주민 자치역량 강화라는 지역사회혁신의 한 방편으로 중간지원역할을 하는 법인 조직을 설립하였는데 그 의미가 크다고 할 수 있었다.

[표 2-40] 사단법인 설립취지문 원안 (출처:함안군 내부자료)

사단법인 함안군 지역공동체 활성화 지원센터 설립취지문

함안군은 지역공동체 활성화를 기반으로 하는 지역사회 발전사업을 수년 전부터 시행하여 전국적인 우수사례로 학계와 정부로부터 수차례에 걸쳐 수상한 성과가 있었으나, 관계 공무원의 잦은 보직이동 등으로 전문성과 지속성을 확보하기 어려워 전문적인 지원조직이 필요성이 대두되기 시작하였으며, 특히, 현 정부는 국정과제로 자치분권과 주민참여를 통한 사회적 가치를 더욱 강조하면서 대규모 정부 공모사업 응모의 필수 조건으로 중간지원 조직을 요구하고 있습니다.

이에 우리는 「함안군 마을만들기 지원 등에 관한 조례」에 따라 수년 전에 설립하여 지속적으로 운영하고 있는 지역발전사업의 전문가 자문기구인 함안군 발전협

> 의회와 사업의 직접 당사자들인 마을리더연합회, 공동체의 기초가 되는 주민자치회, 그리고 지역사회발전의 선두 주자로 떠오르는 청년들이 함께 모여 창립총회를 갖게 되었습니다.
>
> 오늘 창립총회를 갖는 사단법인 함안군 지역공동체 활성화 지원센터는 「함안군 지역공동체 활성화 지원센터 설립·운영에 관한 조례」에 따라 함안군이 주도적으로 설립하고, 학계와 전문가가 자문하며, 민간이 자치적으로 운영하는 관(官)과 민(民)의 중간 형태의 전형적인 거버넌스 조직입니다.
>
> 주민과 행정의 중간에 서서 주민자치형 역량강화사업, 주민참여형 소득창출 사업, 주민주도형 정부공모사업 등의 기획은 물론 주민역량을 증강시키는 제반 사업들을 성실히 수행하면서 함안군민의 단합과 지역 공동체의 활성화를 추구하여 군민의 행복과 삶의 질 향상을 위하여 최선의 노력을 다하고자 합니다.
>
> 2020년 7월 24일
> 사단법인 함안군지역공동체 활성화지원센터 발기인 일동

이와 같이 발기인 총회를 마무리한 이후에 경상남도에 사단법인 허가신청을 하였다. 경상남도 농촌협약부서는 물론 사회혁신부서의 협의를 통하여 두 부서 간의 칸막이를 넘어 상호 양해를 받아냄으로써 최종적으로 경상남도의 승인을 받게 되었다.

이어서 함안등기소에 법인 설립 등기를 마치고, 마산세무서에 사업자등록을 한 후 함안군 지역공동체 활성화 지원센터를 개원하여 함안군 마을만들기 주민역량강화사업 전담기관으로 2021년 6월에 지정받을 때까지 1년 이상의 기간이 걸렸다.

그리하여 현재에도 운영되고 있지만 설립 당시에 의도했던 함안군 마을만들기 중간지원 조직으로서 마을주민들 삶의 질 향상을 위한 마을별 맞춤

형 역량강화사업의 발굴 운영 등 적극적인 기능을 하기보다는 농림축산식품부의 농촌협약의 필수 조건으로의 기본적인 역할 수행만 하는 수동적인 조직으로만 비추어지고 있어 다시금 기능 재생이 필요한 것으로 보인다.

마을사업을 통한 농촌 활력 증진을 추구하는 중앙정부의 노력과 사람 중심의 마을만들기를 추구하는 함안군의 발맞춤을 성공적으로 추진하기 위해서는 함안군지역공동체 활성화지원센터가 마을만들기 중간지원 조직으로서 역할을 충분히 할 수 있도록 우선적으로 폐지된 두 가지 조례를 조속히 부활시켜 중간지원 조직, 마을리더연합회, 행정기관 등 마을만들기 참여자들에게 각각의 역할을 명확히 규정하여 이행할 수 있도록 하는 등 보다 역동적으로 추진해 나가야 할 것이며, 또한 지역공동체 활성화지원센터에 더 많은 전문가들이 참여하여 보다 질 높은 마을별 맞춤형 주민역량강화사업이 추진될 수 있도록 하는 적극적인 노력이 필요한 것으로 보인다.

[그림 2-44] 사단법인 창립총회 사진 및 역량강화전담기관 지정서 (출처:함안군 내부자료)

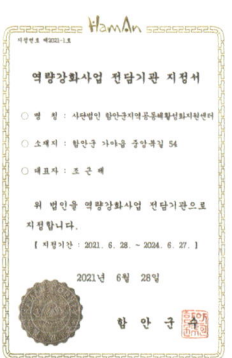

III. 함안군 마을만들기 실적과 성과 살펴보기

1. 주민들의 정주생활환경을 대폭 개선하였다

1 마을사업 국·도비 확보 현황

　필자가 2012년부터 시작한 마을 주민역량 강화에 중점을 두고 전략적으로 추진한 함안군 마을만들기 운동을 기반으로 하여 각종 중앙정부의 공모사업에 응모하여 여러 가지 국책 사업을 확보하는 성과를 거두었다.
　그중에서 주민주도형 마을사업인 농림축산식품부 일반농산어촌개발사업으로써 읍면 중심지의 정주생활환경을 정비하는 농촌중심지 활성화 사업 등[42]의 공모사업을 2019년말 기준으로 10개 읍면 중심지(소재지) 사업을 모두 확보하여 10개 사업지구에 총 사업비 약 586억 원으로 하드웨어(hardware) 시설사업비가 약 472억 원으로 약 80.6%이며, 소프트웨어(software) 주민역량강화사업비가 약 44억 원으로 약 7.5%에 해당되고, 그

---

[42] 당초 읍면소재지 종합정비사업에서 농촌중심지활성화사업으로 명칭이 변경되었고, 상대적으로 규모가 적은 면 단위 소재지 공모사업이 기초생활거점육성사업이다.

외 설계비 등 부대비가 약 69억 원으로 약 11.8%에 달하였다.

마을사업의 보통은 소프트웨어 역량강화사업비가 10%를 초과하지만, 읍면 중심지활성화사업은 읍면 중심지역 시가지의 기초생활 정주환경을 정비하는 것에 무게가 더 있는 만큼 마을단위사업이나 권역단위 사업보다 상대적으로 소프트웨어사업비가 적은 것이 기본이었다.

[표 2-41] 읍·면 농촌중심지(소재지)활성화·기초생활거점육성사업 (10개 지구)

사업명	사업 기간	총사업비 (단위: 백만 원)				2019년말 진행과정
		합계	H/W	S/W	부대비	
합계	10개 지구	58,607	47,270	4,418	6,919	
함안면 소재지	'13 ~ '17	7,000	5,737	411	852	사업준공
대산면 소재지	'13 ~ '17	7,000	6,055	255	690	사업준공
칠원읍소재지	'14 ~ '18	6,900	5,813	320	767	추진중
군북면 중심지	'16 ~ '19	5,707	4,498	452	757	추진중
가야읍 중심지	'16 ~ '20	8,000	6,063	827	1,110	실시설계중
법수면 중심지	'18 ~ '22	6,000	4,948	360	692	기본계획중
칠서면 중심지	'17 ~ '21	6,000	4,650	650	700	실시설계중
산인면기초점	'19 ~ '22	4,000	3,250	265	485	기본계획중
칠북면기초거점	'20 ~ '23	4,000	3,167	418	415	신규
여항면기초거점	'20 ~ '23	4,000	3,089	460	451	신규

다음은 함안군 전역에 권역단위 또는 마을단위 창조적마을사업으로 2019년말 기준으로 모두 34개 지구에 총 사업비 약 517억 원으로 하드웨어 시설사업비가 약 393억 원으로 약 76.1%이며, 주민역량강화 소프트웨어사업비가 약 56억 원으로 약 10.9%에 해당되고 그 외 설계비 등 부대비가 67억 원으로 12.9%에 달하였다. 소프트웨어사업비가 약 11%에 달하면서 읍면소재지정비사업, 농촌중심지활성화사업보다 상대적으로 주민역량강화사업비가 약 3.5% 가량 더 많았다.

[표 2-42] 권역단위, 마을단위 창조적마을만들기 (34개 지구)

사업명	사업 기간	총 사업비 (단위: 백만 원)				2019년말 진행과정
		합계	H/W	S/W	부대비	
합계	34개 지구	51,689	39,359	5,628	6,702	
월촌권역	'06 ~ '11	7,235	5,479	926	830	사업준공
이령권역	'12 ~ '17	5,600	4,509	381	710	사업준공
여항산권역	'13 ~ '17	4,281	3,193	466	622	사업준공
입곡권역	'14 ~ '17	3,460	2,612	275	573	사업준공
법수산권역	'15 ~ '19	3,634	2,549	472	613	추진중
파수권역	'16 ~ '20	4,000	3,121	357	522	추진중
장암권역	'17 ~ '21	4,000	3,016	404	580	추진중
백이산권역	'18 ~ '22	3,929	3,011	385	533	실시설계중
외봉촌농촌복원	'20 ~ '22	2,000	1,589	231	180	신규
마산마을	'20 ~ '22	1,000	730	170	100	신규
무릉 종합	'15 ~ '17	873	657	100	116	사업준공
장암 종합	'16 ~ '19	936	700	122	114	사업준공
장포마을	'15 ~ '17	500	375	63	62	사업준공
마산마을	'16 ~ '18	391	297	44	50	사업준공
평광마을	'16 ~ '18	350	273	33	44	사업준공
대사마을	'17 ~ '18	500	392	46	62	사업준공
신창마을	'17 ~ '19	500	395	47	58	사업준공
무기마을	'17 ~ '19	500	386	46	68	사업준공
사촌마을	'17 ~ '18	500	396	45	59	사업준공
윤내마을	'17 ~ '18	500	394	44	62	사업준공
신촌마을	'17 ~ '18	500	391	47	62	사업준공
강지마을	'18 ~ '19	500	383	60	57	추진중
봉곡마을	'18 ~ '19	500	382	57	61	사업준공
안기마을	'18 ~ '19	500	393	55	52	사업준공
응암마을	'18 ~ '19	500	391	59	50	실시설계중
달전마을	'18 ~ '19	500	394	46	60	실시설계중
오곡마을	'19 ~ '20	500	386	59	55	실시설계중
강외마을	'19 ~ '20	500	420	20	60	실시설계중
유상마을	'19 ~ '20	500	392	48	60	실시설계중
도음마을	'19 ~ '20	500	399	53	48	실시설계중
신암마을	'20 ~ '21	500	322	128	50	신규
운동마을	'20 ~ '21	500	314	120	66	신규
중앙마을	'20 ~ '21	500	361	86	53	신규
어연마을	'20 ~ '21	500	357	133	10	신규

두 가지 사업 모두 지역사회발전을 목표로 하는 주민주도형 마을사업에 해당되지만 읍면중심지활성화사업은 마을권역 사업보다 해당 지역 범위가 넓기 때문에 소속 마을 수가 약 10여 개 이상 상대적으로 더 많았다. 그리하여 참여하는 주민들의 동질성 또한 상대적으로 낮으므로 주민 모두가 함께 모여 할 수 있는 일들이 다소간에 제한적이라 할 수 있었다. 또한, 읍면중심지활성화사업은 읍면 중심 시가지 내 정주생활환경정비를 통한 정주기능을 강화하고자 하는데 더 중점을 두어 추진하였기 때문에 권역단위 또는 마을단위 창조적마을사업의 지역역량강화 예산보다 상대적으로 더 적게 책정하고 오히려 하드웨어 시설 예산을 더 많이 배분하여 사용하였다.

2015년부터 시작된 새뜰마을사업은 박근혜 정부가 만든 마을사업이며 대통령 직속 지역발전위원회 소관으로 주요 사업 내용은 석면 위험이 있는 슬레이트 지붕 개량, 재래식 화장실 개량 등 노후화된 주택 개량과 마을 안길정비, 마을 담장 및 경관개선 등 과거 새마을운동과 사업 유형이 비슷하였다.

함안군이 확보한 새뜰마을사업은 매년 1개 지구씩 총 3개 지구에 총 사업비 약 51억 원으로 하드웨어 시설사업비가 약 42억 원으로 약 83.3%이며, 주민역량강화 소프트웨어사업비가 약 1억 7천만 원으로 약 3.3%에 해당하고, 그 외 설계비 등 부대비가 6억 9천만 원으로 13.4%에 달하였다. 이 사업은 주민주도형 마을사업은 맞지만, 노후화된 주택 및 담장 개량 등에 중점을 둔 사업이었기 때문에 상대적으로 하드웨어 시설사업에 예산을 더 많이 사용하였다. 그렇지만 기본적으로 주민 케어, 주민역량강화 등의 소프트웨어사업은 진행하였기 때문에 함안군 마을만들기 마을사업장으로 포함되었다.

[표 2-43] 지역행복생활권 새뜰마을 (3개 지구)

사업명	사업 기간	총 사업비 (단위: 백만 원)				2019년말 진행과정
		합계	H/W	S/W	부대비	
합계	3개 지구	5,116	4,262	169	685	
윤외지구	'15 ~ '18	3,254	2,689	139	426	사업준공
독뫼지구	'16 ~ '19	1,862	1,573	30	259	사업준공
입곡지구	'19 ~ '21	2,314	1,842	68	404	실시설계중

앞서 언급한 트임(T-YM)사업 모사업인 '도농한마음 역사문화 연계협력 프로젝트' 사업은 총 사업비 8억 6천만 원으로 시설사업비가 약 4억 2천만 원으로 약 49.4%이며, 소프트웨어사업비가 약 3억 3천만 원으로 약 38.4%에 해당되고, 그 외 설계비 등 부대비가 1억 원으로 12.2%에 달하였다. 이 사업은 농식품부 일반농산어촌개발사업의 지역 창의아이디어 사업인 만큼 공모계획을 수립할 때부터 소프트웨어사업을 중점으로 계획하여 추진한 사업이다.

이와 같이 필자는 2012년부터 농식품부 일반농산어촌개발사업을 모(母)사업으로 하여 각 마을사업장의 주민역량강화에 중점을 두고 주민주도형으로 각계각층이 참여하는 거버넌스형 지원체제를 구성하여 함안군 마을만들기 운동을 진행해 왔었다. 그 결과 중앙공모에서 전국적으로 타 시군에 비교우위를 확보하면서 국·도비 확보율 최상위를 기록할 수 있었고, 함안군 10개 읍면 전체의 중심시가지 정비는 물론 각 마을사업장 지구 주민들의 정주생활여건을 개선함으로써 함안군민 삶의 질 향상을 위한 초석을 다졌다고 할 수 있다. 이어서 각 마을사업장별 정주생활환경의 개선 내용을 세부적으로 살펴보고자 한다.

2 기초생활 기반 시설 설치로 정주환경을 개선하다.

 지역소멸 위기 대응책인 인구흡인 요인으로 손꼽히는 함안군 마을만들기 운동을 기반으로 추진한 정부 공모를 통하여 각종 마을사업을 확보하고, 마을사업 실시부서인 건설과로 이첩하면 건설과는 한국농어촌공사와 위수탁 계약을 체결하여 한국농어촌공사 경남본부 또는 함안지사에서 마을사업을 시행하는 체계이다.
 마을만들기 주민역량을 기반으로 2012년부터 확보하여 건설과와 한국농어촌공사가 실시한 마을사업들, 읍·면 소재지 종합정비사업, 농촌중심지 활성화사업, 기초생활거점육성사업, 권역단위종합정비사업, 창조적 마을만들기사업, 취약지생활여건개조사업 등의 세부 사업 중에 미래전략기획단이 주도적으로 추진한 소프트웨어 주민역량강화사업은 별도로 논하기로 하고, 지역주민의 정주생활여건을 개선한 하드웨어 시설사업 분야를 중심으로 간략하게 소개하고자 한다.

 2012년에 공모하여 선정되고 2013년 초에 본격적으로 사업실행에 착수한 함안면 소재지 종합정비사업은 주민숙원사업인 북촌리 도시계획도로를 개설하고, 시가지 가로경관을 정비하여 기초생활환경을 개선하였고, 공설운동장 정비, 비봉산 근린공원을 만들어 어르신들이 건강관리 기반시설을 확충하였다. 그리고 목욕탕을 포함한 복지회관을 만들어 운영함으로써 지역주민의 삶의 질 향상을 위한 기반을 조성하는 데 일조하였다.

 그리고 같은 시기에 착공한 대산면 소재지 종합정비사업은 대산면 체육공원, 구혜마을공원, 매산마을공원을 만들어 주민들의 건강관리 기반시설 확충을 위해 노력하였고, 구혜마을 안길, 대산전통시장, 시가지 가로경관을 정비하여 정주생활기반을 향상시켰다. 그리고 주민들에게 가장 친밀하게 다가가는 주민공동생활터인 구혜동 마을회관과 매산동 마을회관을 리모델링함으로써 이른바 농촌중심지 활성화에 크게 이바지하고 있다.

2014년에 착수한 칠원읍소재지 종합정비사업은 칠원시장 진입도로 확장, 시장 어울림마당 조성 등 어수선한 칠원전통시장을 정비하였고, 시가지 도로변 안전보행로를 확보하였고, 코스모스 동산, 칠원천 건강로드, 관문경관숲 등 시가지를 관통하는 칠원천 주변을 정비하여 주민건강 테마공간으로 만들어 지역주민들의 삶의 질 향상에 이바지하고 있다.

2015년부터 착수한 군북면농촌중심지활성화사업은 중심지 상권활성화를 위하여 도시계획도로 확포장, 중심지내 테마쉼터, 시가지 가로환경 등을 정비하였고, 초등학교 통학보도, 청담길 조성 등으로 어린이와 어르신 모두의 정주생활환경을 개선하여 농촌지역 중심지활성화에 기여하였다.

가야읍 중심지 활성화사업은 2016년 착수하여 말이산 고분군 유네스코 등재 추진과 연계한 지역경관개선사업으로 가야읍 시가지 보도블록과 아라가야풍의 가로등, 쌈지공원 앞 도로변에 말이산 고분군의 사계절 벽화를 완성하였다. 그리고 가장 많은 사업비를 투자한 '가야읍어울림센터'는 군민의 교육공간, 소통공간, 읍민의 어울림터로서 활발히 활용되면서 가야중심지활성화사업 운영위원회의 중요한 주민소득창출 동력이 되고 있다.

칠서중심지활성화사업은 2017년부터 착수하여 청계마을회관과 구곡마을회관을 리모델링하여 어르신들의 둥지를 정비하였고, 면사무소 주변에 다목적 마당과 주차장을 확장하고, 호국 공원 및 수변공원 조성, 소공원 정비, 중심지 관문로 경관개선 등 칠서면 시가지 지역을 전반적으로 정비하여 농촌중심지활성화를 통한 지역주민 삶의 질을 향상시키는 기반을 만들었다고 수 있다.

법수면중심지활성화사업은 2018년부터 착수하여 주민생활관을 리모델링하고, 시가지 보도정비 및 경관개선, 다목적 운동장 정비 등을 하였고,

사업비가 가장 많이 투자한 사업은 군비로 기존의 법수면사무소를 철거하고 신축을 하면서 위층에 주민생활 자치공간을 함께 건축하여 '법수면 행정복합센터'를 탄생시켰고 이로 인하여 법수면민들의 마을사업에 대한 주민 만족도가 최상이라는 여론이 지배적이다.

2019년에 착수한 산인면 기초생활거점조성사업은 입곡군립공원 활성화에 따라 현재 주차장으로 활용하고 있는 산인공설운동장을 대신하여 산인면사무소에 인접한 송정리 일대에 다목적 활력 마당 약 4,000평방미터, 문화동아리 마당 1,500평방미터, 늘푸른 주차장 1,500평방미터 규모로 선택과 집중을 통한 다목적 공간조성으로 지역주민들의 건강생활 활동을 지원하는 거점으로 만들었다.

2018년 하반기에 예비계획을 수립하여 2019년 초 공모하여 그해 말 선정되고 2020년 초에 본격적으로 사업에 착수한 칠북면 기초생활거점조성사업은 시가지 경관을 개선하였고, 게이트볼장과 부속주차장, 건강문화 마당, 작은공동체회관을 건립하여 지역주민들의 공동체 활성화에 이바지하고자 하였으며, 같은 연도에 2개 면을 동시에 준비 및 공모하여 함께 선정된 여항면 기초생활거점조성사업은 여항산권역마을사업과 연계하는 보행데크를 연결하고, 주민건강관리를 위하여 공설운동장을 정비하고 커뮤니티 센터를 만들어 북카페, 동아리실, 휴게실 등을 조성하여 주민자치생활의 거점으로 만들었다.

2012년에 공모하여 연말 선정되고 2013년부터 착수한 여항산권역단위종합정비사업은 지역자원인 봉성저수지 주변 산책로를 만들고, 인접하여 숙박시설을 갖춘 여항산 문화센터를 건립하여 각종 마을 워크숍, 마을 행사 그리고 이후 트임(T-YM)사업의 숙박시설로 활용 등 여항산 권역 마을만들기 운동의 본거지로 활용하고 있다.

입곡권역단위종합정비사업은 2014년에 착수하여 자연마을을 연결하는 마을다리를 건설하였고, 송림숲을 정비하면서 인접하여 입곡온새미로숲과 물놀이 시설을 건립하여 마을주민들의 소득창출 사업으로 추진하였으나 코로나19 여파로 어려움을 겪고 있는 등 마을전문가의 경영 컨설팅 등이 필요한 지구라고 보인다.

2015년에 착수한 법수산권역창조적마을사업은 강주해바라기 축제의 모(母)사업 지구로서 강주해바라기 축제의 활성화에 중점을 둔 사업계획으로서 대평늪 탐방길, 해바라기 탐방 둘레길을 개설하여 관광객의 편의를 제공하고자 하였고, 해바라기 문화센터를 건립하여 축제 기간에 중심센터로 이용하고, 평상시에는 마을 어르신들의 공동생활지원센터로 활용하고 있다.

2016년에 착수한 파수권역창조적마을사업은 함안곶감을 지역자원으로 하여 계획된 지구로서 주민숙원사업으로 마을진입도로인 파수누림길을 확·포장하였고, 파수권역마을만들기 중심시설로 누림활성화센터와 주변 다목적 어울림마당 등을 조성하였고, 감나무와 어울리는 숲길, 곶감정원, 녹지공간쉼터, 보행로 등을 만들어 찾아오는 방문객을 맞을 만반의 준비를 하고 있지만 녹록지 않은 마을권역 사업장으로 보인다.

2017년에 착수한 대산면 장암권역창조적마을사업은 역시 주민숙원사업인 장포마을회관 등 각 마을회관을 리모델링하고 마을공동 CCTV, 수박테마로드, 용화산둘레길을 조성하였다. 그리고 수박한마음센터를 건립하여 어린이 놀이체험과 가족 숙박을 할 수 있도록 함으로써 주민소득창출과 연계시킴에 따라 마을만들기 지속성을 확보하여 본격적인 마을만들기에 돌입한 대표적인 마을권역이 되었다.

2018년에 착수한 군북면 백이산권역창조적마을사업도 역시나 주민숙원사업인 명관 마을회관 등 각 마을회관을 리모델링하여 주민편의를 도모하였고, 백이산과 명관저수지를 주요 자원으로 한 권역인 만큼 백이산 탐방길, 명관저수지 탐방로를 개설하였다. 이 권역의 주요 인물로는 효성그룹

창업자 조홍제 생가와 세계적인 화가 이우환 화백이 태어난 곳이라 많은 외부 관광객을 유치할 수 있을 것으로 예상하여 마을권역단위 시설사업을 완공하였다.

2014년 초에 공모하여 선정되고 2015년에 사업 착수한 무릉마을 창조적마을사업지구는 마을 산책로와 경관을 정비하고, 주민 공동생활 공간인 무릉마을회관을 리모델링하고 주변에 생태주차장을 조성하여 지역주민들은 물론 방문객들의 편의를 제공하고 있다. 대산면 장포창조적마을사업지구는 합강 생태이음길, 반구정 전망공원, 아들딸바위쉼터 등을 조성하여 이어서 공모한 대산면 장암권역 마을사업의 발판을 구축하였고, 그 후 '낙동강 바람소리길 사업'[43]을 확보하는 마중물 역할을 한 중요한 사업이었다.

2015년초에 공모하여 2016년에 착수한 칠원읍 장암마을창조적마을사업은 산수유굽이길, 칠보건강터, 생태쉼터, 그리고 복지회관을 건립하여 마을주민들의 정주여건을 개선하였다. 그리고 대산면 마산마을창조적마을사업은 함박체험마당, 들녘길, 갈마산 체험숲길 등 기초경관을 조성하고 이어서 마을종합사업을 신청하는 마중물 사업으로 기능을 하였다. 동 시기에 착수한 군북면 평광마을창조적마을사업은 주민숙원사업이었던 평광마을회관을 신축하여 마을주민들의 공동체 활성화에 이바지하였다.

2016년초에 공모하여 2017년도에 착수한 함안면 대사마을 창조적마을사업은 무진정낙화놀이 연접마을로서 문화공동체마당, 건강힐링쉼터를 조성하여 마을경관을 정비하고 주민건강 생활환경을 조성하였다. 군북면 신창마을창조적마을사업은 독립만세동산을 만들고, 마을안길을 스토리텔링

----
43) 낙동강 바람소리길은 사업비 약 49억원으로 함안9경 합강정과 반구정 주변 둘레길 등을 만드는 사업.

길로 정비하였고, 군북면 사촌마을은 원효의상 발자취길을 정비고 생태공원과 건강 숲을 만들어 마을주민 정주 환경을 개선하였으며, 신촌마을은 마을굽이길을 정비하였고, 광장정비, 쉼터조성, 어울림공원 등을 조성하였다. 이러한 군북면 3개지구 마을사업은 이후 백이산권역단위 마을사업 확보에 기반을 마련한 중규모사업이었다.

 동 시기에 착수한 칠원읍 무기마을창조적마을사업은 마을안길인 무기연당진입로를 정비하고 마을내 공원조성 등으로 마을경관개선에 보탬이 되었고, 법수면 윤내마을은 연꽃어울림터, 마을진입로인 황금측백나무길, 마태산경관길을 만들어 마을 경관을 정비하였다.

 2017년초에 공모하여 2018년에 착수한 여항면 봉곡마을은 이방실장군 테마공간과 주민숙원인 마을안길 진입로 정비를 하였고, 칠서면 안기마을은 어울림쉼터, 할배할매당목정비와 주민숙원인 마을안길 테마꽃길을 정비하였다. 칠원읍 달전마을은 못안지 복원, 소국화, 생태또랑 정비 등 마을 전체 경관을 정비하였다. 법수면 응암마을은 송림숲 어울림마당과 예솔그늘, 경관로드, 음암지 주변정비 등 주민들의 건강관리를 주제로 마을을 조성했다.

 2019년도에 착수한 함안면 강외마을은 마을 내 CCTV설치 등 안전시설을 설치하였고, 특히, 주민들의 가장 큰 바람이었던 노후화로 누수되는 지붕과 슬레이트 지붕을 개량하여 주민들의 정주여건을 개선하여 호응을 얻었다.

 함안면 강지마을은 어울림문화마당, 마을진입로 가로수 식재를 하여 마을경관을 정비하였고, 주민 공동생활 기반인 다목적 장수사랑채를 건립하여 어르신 공동체 형성에 이바지하고 있다.

 동 시기에 착수한 가야읍 도음마을은 건강장수마당과 저수지 둘레길을 만들어 주민들이 건강생활을 지원하는 시설을 설치하였다. 군북면 오곡마을은 역시 주민숙원사업인 마을회관 리모델링과 인접한 다목적 주차장을 조성하여 지역주민들의 공동체 활성화에 중점을 두었다. 같은 시기에 착수한 칠원읍 유상마을은 안심골목길 확포장, 빈집을 정리한 다목적 주차장을 만드는 등 농촌마을의 정주생활환경을 개선하는 방향으로 진행하면서 주민들의 양보와 협조를 유도해 낸 마을만들기 모범사례로 평가받고 있는 마을사업장이다.

농식품부가 농촌지역 옛 모습을 복원한다는 의미에서 만든 농촌다움복원 사업에 함안군은 2019년 응모하여 선정되고 2020년에 사업 착수한 칠북면 외봉촌 농촌다움복원 사업은 옛 빨래터 복원과 봉촌천 살리기, 밀포나루 사랑방과 옛길 복원 등을 통하여 예전의 농촌다운 마을로 만드는 새로운 마을사업이다.

그리고, 대산면 마산마을 종합마을사업으로 주민 모두의 바람인 마을회관 리모델링과 소득 사업을 하기 위한 농산물 간이판매장, 그리고 마을안길, 쉼터 등을 만들었다. 가야읍 신암마을은 신암서원을 배경으로 공원을 만들고, 사랑방과 샘터를 복원하였다. 칠원읍 운동마을은 운동화합마당을 조성하고 주민들의 바람인 운동마을회관을 증개축하였다. 대산면 중앙마을 역시 주민숙원사업인 마을길을 정비하고 마을회관을 리모델링하였고, 산인면 어연마을도 주민숙원사업인 마을회관 리모델링과 마을안길 및 산책로를 만들어 주민들의 정주환경을 개선하였다.

박근혜정부가 만든 '취약지역 생활여건 개조사업', 일명 '새뜰마을' 사업에 2014년 응모하여 선정되고 2015년에 사업 착수한 법수면 윤외지구 새뜰마을사업은 35억 원을 투입하여 슬레이트 지붕 철거 및 개량 72가구, 주택 수리 81가구, 빈집 정비 10가구 등 시골 주택을 정비하였고, 재래식 화장실 43가구, 보행로 정비, 마을CCTV 설치 8개소, 마을 골목길 6개 구간, 마을안길 담장 정비 6구간 등 주민정주생활안전을 확보하였고, 또한, 석무마을회관과 삼태마을회관을 리모델링하여 주민들의 공동생활공간을 재정비하는 등 취약한 농촌마을 일체를 전반적으로 정비하여 지역생활여건을 대폭적으로 개선하였다.

  2016년에 착수한 여항면 독뫼지구 새뜰마을사업은 사업비 19억 원을 투입하여 석면 위험 슬레이트 지붕개량 53호와 노후화된 주택정비 40호 재래식 화장실 10가구 등을 개선하였고, 마을안 돌담길 정비로 농촌경관을 복원하였다. 특히, 이 지역은 지하수 문제로 곤란을 겪은 터라 우선하여 마을 상수도 원관을 인입하였고, 주민소득창출을 위한 공동작업장도 건립하였다.

  새뜰마을사업은 2017년 정권교체기에 사업의 존립이 불분명하였으나, 열악한 주택 개량 등 사업 내용의 불가피성 등으로 폐지되지 않고 존속되었다. 그리하여 2018년에 준비하여 2019년에 사업 착수한 산인면 입곡지구 새뜰마을사업은 23억 원의 사업비로 빈집 정비와 슬레이트 지붕개량 56가구 그리고 마을창고 및 공동작업장 리모델링 등 마을환경을 개선하고 마을안길정비, CCTV, 공동쓰레기 집하장, 위험 경사지 정비, 반사경 및 가드레일 등 교통사고 위험지 개선 등 주민안전사고 예방 사업 등을 시행하여 소위 새뜰마을사업의 대표적인 시설 분야를 시행하였다.

  2019년에 준비하고 2020년 초에 선정되어 바로 사업 착수한 대산면 대암지구 새뜰마을사업은 22억 원을 투자하여 빈집정비 9호, 지붕개량 43호, 산사태 우려지역 사면처리, 노후 담장을 정비하는 등 마을환경을 개선하고 새뜰마을의 특성상 마을안길정비, CCTV, 반사경 및 가드레일 등 교통사고 위험지 개선 등 주민안전사고 예방 사업, 재래식 화장실 정비 등을 시행하여 마을주민들의 생활환경을 대폭 개선하였다.

  2020년에 준비하고 2021년 초에 선정되어 바로 사업 착수한 칠북면 덕촌지구 새뜰마을사업도 역시 21억 원을 투입하여 빈집정비 및 주택개량 26호, 위험지 옹벽설치, 보행로, 배수로, 하수도, 마을안길 및 마을 연결길 등을 시행하고, 주민숙원사업인 마을회관을 리모델링하여 농촌지역 주민들의 새로운 희망을 심어주면서 삶의 질 향상을 위한 기반을 조성하였다.

🏠 2. 군민들이 함안군 마을만들기를 평가하다

1 주민만족도 조사

일반농산어촌개발사업을 모(母)사업으로 추진한 함안군 마을만들기를 실행하면서 여러 가지 실적과 성과들이 있었지만, 무엇보다도 가장 중요한 것은 지역주민이 평가하는 마을사업에 대한 주민만족도라고 할 수 있다.

그리고, 주민만족도 조사는 공공정책의 실행에 있어 그 결과와 영향을 측정하는 적절한 방법이기 때문에 함안군은 성공적인 마을만들기를 위하여 '시군지역 역량강화사업'의 세부 사업으로 책정하고 주민 만족도를 조사하여 문제점과 개선 방안을 도출해 내어 피드백(feedback) 자료로 활용하였다.

여기에서는 함안군이 마을만들기 5년 차였던 2016년도에 함안군 마을만들기 총괄계획가인 정원식 교수의 지도하에서 실시하였던 주민만족도 조사 결과를 간략하게 간추려 소개함으로써 함안군 마을만들기 사례의 이해를 돕고자 한다.

2016년 조사 시점에서 그 이전에 진행 중이었던 마을사업과 2016년 당해 연도에 새로 착수하는 신규사업으로 나누어 설문을 구분하여 실시하였다.

[표 2-44] 함안군 마을사업장 주민만족도 설문 내용

유형	설문 내용
2016년 진행 중 마을사업	본 사업은 지역(마을)발전에 기여하고 있다.
	본 사업은 주민 일자리 창출과 소득 향상에 기여하고 있다.
	본 사업은 주민의 삶의 질(문화·복지, 환경 및 경관 등) 향상에 기여하고 있다.
	본 사업은 우리 마을(지역)의 정체성 확립에 기여하고 있다.
	본 사업은 주민간 신뢰와 협력의 지역공동체 구축에 기여하고 있다.
	각 종 교육과 선진지 견학은 농촌마을만들기사업의 이해와 주민과 마을지도자의 역량 향상에 기여하고 있다.
	본 사업을 위한 행·재정적 지원이 충분하다.
	군청, 읍면사무소 등 관계 공무원들이 적극적으로 노력하고 있다.
	행정에서는 주민들의 의견을 잘 반영해 주고 있다.
	본 사업은 친환경적으로 진행되고 있다.
2016년 신규 마을사업	본 사업은 지역(마을)발전에 기여할 것이다.
	본 사업은 주민 일자리 창출과 소득 향상에 기여할 것이다.
	본 사업은 주민의 삶의 질(문화·복지, 환경 및 경관 등) 향상에 기여할 것이다.
	본 사업은 우리 마을(지역)의 정체성 확립에 기여할 것이다.
	본 사업은 주민간 신뢰와 협력의 지역공동체 구축에 기여할 것이다.
	지역역량교육을 통해 주민 및 마을지도자의 역량이 향상될 것이다.
	본 사업을 위한 행·재정적 지원이 충분하다.
	군청, 읍면사무소 등 관계 공무원들이 적극적으로 노력하고 있다.
	행정에서는 주민들의 의견을 잘 반영해 주고 있다.
	본 사업은 친환경적으로 이루어 질 것이다.

조사의 모집단은 2016년 7월 당시 함안군 읍·면 중심지 활성화사업으로 대산면, 함안면, 칠원읍, 군북면, 가야읍과 창조적 마을만들기사업으로 이령권역, 여항산권역, 입곡권역, 법수산권역, 무릉마을, 장포마을, 파수권역, 장암마을, 평광마을, 마산마을 등 총15개 마을사업장의 해당 지역에 거주하는 주민 전체를 대상으로 하였다.

[표 2-45] 일반산어촌개발사업장 주민만족도 조사대상

사업	지역	유형	사업 기간	진행사항	인원수
읍·면 중심지 활성화사업	대산면 소재지	진행	13년-17년	추진중	40
	함안면 소재지	진행	13년-17년	추진중	40
	칠원읍소재지	진행	14년-18년	시행계획	40
	군북면중심지	신규	15년-19년	기본계획	87
	가야읍중심지	신규	16년-20년	기본계획	42
창조적 마을 만들기사업	칠북면 이령권역	진행	12년-17년	추진중	40
	여항면 여항산권역	진행	13년-17년	추진중	22
	산인면 입곡권역	진행	14년-18년	시행계획	39
	법수면 법수산권역	신규	15년-19년	기본계획	30
	칠서면 무릉마을	신규	15년-17년	기본계획	50
	대산면 장포마을	진행	15년-16년	시행계획	40
	함안면 파수권역	신규	16년-20년	기본계획	42
	칠원면 장암마을	신규	16년-18년	기본계획	39
	군북면 평광마을	신규	16년-17년	기본계획	20
	대산면 마산마을	신규	16년-17년	기본계획	11
전 체					582

함안군 마을만들기 총괄계획가의 통제하에 훈련된 조사원이 2016년 7월 8일부터 8월 12일까지 마을사업장 지역 내 가정을 방문하여 설문지 항목을 읽어주고 응답을 설문지에 입력하는 방식으로 진행하였고, 조사를 통하여 수집된 1차 자료(Raw data)는 에디팅(Editing), 코딩 및 펀칭(Coding and Punching), 데이터 클리닝(Data Cleaning) 과정을 거쳐 전산 프로그램을 사용하여 처리하였다.

설문조사는 총 582명이 응답하였고, 응답자 중 남자는 263명, 여자는 301명이었으며, 70대 이상이 173, 50대-60대 351명, 그리고 50대 미만은 44명이었다.

[표 2-46] 표본의 일반적 특성

항목	세부항목	명(%)	항목	세부항목	명(%)
지역	대산면 소재지	40(6.9)	지역	칠원면 장암마을	39(6.7)
	함안면 소재지	40(6.9)		군북면 평광마을	20(3.4)
	칠원읍소재지	40(6.9)		대산면 마산마을	11(1.9)
	군북면중심지	87(14.9)		무응답	-
	가야읍중심지	42(7.2)	성별	남성	263(45.2)
	칠북면 이령권역	40(6.9)		여성	301(51.7)
	여항면 여항산권역	22(3.8)		무응답	18(3.1)
	산인면 입곡권역	39(6.7)	연령	70대 이상	173(29.7)
	법수면 법수산권역	30(5.2)		50-60대	351(60.3)
	칠서면 무릉마을	50(8.6)		50대 미만	44(7.6)
	대산면 장포마을	40(6.9)		무응답	14(2.4)
	함안면 파수권역	42(7.2)		전체	582(100.0)

2 진행 사업 주민만족도

2016년도에 진행 중인 마을사업으로는 읍·면 중심지 활성화사업에는 대산면 소재지 종합정비사업, 함안면 소재지 종합정비사업, 칠원읍소재지 종합정비사업이 있으며, 창조적 마을만들기사업에는 이령권역종합정비사업, 여항산권역 종합정비사업, 입곡권역 종합정비사업, 그리고 대산면 장포 마을만들기로 총 7개 지구이다.

'지역역량교육' 문항은 3.84점으로 가장 높은 점수를 보였으며, '삶의 질 향상' 문항이 3.80점, '주민 간 신뢰·지역공동체 구축' 문항이 3.77점이었고, 반면에, '행·재정적 지원' 문항은 3.34점으로 가장 낮은 점수로 분석되었으며, '일자리 창출·소득 향상' 문항이 3.49점, '주민 의견 수렴' 문항이 3.52점으로 평가되었다.

세부 문항별 만족도 수준에서 주민 및 마을지도자의 역량을 향상시키는 지역역량교육에 대한 만족도가 높게 나타난 것은 진행 사업에 소속된 지역의 협력업체에서 사업과 관련된 적절한 프로그램을 실행한 효과를 나타낸 것으로 분석되어지며, 사업에 대한 행정적·재정적 지원의 만족도가 가장 낮게 나타난 것은 진행 중인 마을사업의 행정적·재정적 지원에 충분히 만족하지 못하는 결과로 나타난 것으로 평가할 수 있다.

지역별 만족도는 함안면 소재지정비사업의 만족도 점수가 3.89점으로 상대적으로 가장 높게 나타났고, 다음으로 이령권역(3.71점), 여항산 권역(3.70점)의 순으로 나타난 반면, 입곡권역의 만족도 점수가 3.42점으로 상대적으로 가장 낮게 나타났고 칠원읍 소재지(3.45점), 대산면 소재지(3.66점)의 순으로 나타났다.

[표 2-47] 진행 사업 전체 주민만족도

지역별 조사항목	전체 평균 (순위)	대산면 소재지		함안면 소재지		칠원읍 소재지		이령 권역		여항산 권역		입곡 권역		장포 마을	
		평균 순위	표준편차	평균 순위	표준편차	평균 순위	표준편차	평균 순위	표준편차	평균 순위	표준편차	평균 순위	표준편차	평균 순위	표준편차
지역(마을) 발전 기여	3.76 (4)	3.73 5	0.45	3.95 1	0.90	3.82 3	0.85	3.78 4	0.48	3.62 6	0.74	3.51 7	1.14	3.88 2	0.52
일자리창출·소득 향상	3.49 (9)	3.68 3	0.47	3.78 1	0.97	3.05 7	1.18	3.78 1	0.48	3.55 4	0.60	3.26 6	1.12	3.40 5	0.78
삶의 질 향상	3.80 (2)	3.68 6	0.47	3.98 2	0.83	3.72 5	0.79	3.78 4	0.48	4.05 1	0.65	3.59 7	0.99	3.90 3	0.55
마을(지역) 정체성 확립	3.76 (4)	3.78 4	0.53	3.93 2	0.89	3.68 6	0.74	3.75 5	0.49	4.14 1	0.48	3.38 7	0.91	3.85 3	0.66
주민 간 신뢰·지역공동체 구축	3.77 (3)	3.73 4	0.45	3.95 1	0.96	3.64 7	0.87	3.75 3	0.49	3.68 5	0.65	3.69 6	0.80	3.90 2	0.55
지역역량교육	3.84 (1)	3.80 4	0.52	3.95 2	0.81	3.67 7	0.81	3.75 5	0.49	3.91 3	0.75	3.74 6	0.82	4.08 1	0.62
행·재정적 지원	3.34 (10)	3.68 3	0.47	3.70 2	0.94	3.12 5	0.99	3.78 1	0.42	3.14 4	0.73	2.87 7	0.73	2.93 6	0.69
관계 공무원 노력	3.55 (6)	3.68 3	0.47	3.90 1	0.93	3.15 7	1.13	3.78 2	0.42	3.59 4	0.50	3.26 6	0.88	3.48 5	0.75
주민 의견 수렴	3.52 (8)	3.58 4	0.50	3.87 1	0.89	3.15 7	0.96	3.63 3	0.54	3.55 5	0.86	3.21 6	1.03	3.65 2	0.66
친환경적 사업	3.55 (6)	3.30 6	0.52	3.90 1	0.93	3.26 7	0.93	3.38 5	0.49	3.82 2	0.50	3.64 4	0.67	3.65 3	0.66
전 체 (순위)	3.64	3.66 5		3.89 1		3.45 6		3.71 2		3.70 3		3.42 7		3.67 4	

이와 같이 함안군 지역발전 마을사업 중에서 진행 중인 마을사업에 대한 주민만족도 전체평균 점수는 3.64점으로 나타났다. 따라서 함안군 마을사업에 대한 주민의 인식 수준은 대체로 만족하는 것으로 평가할 수 있었다.

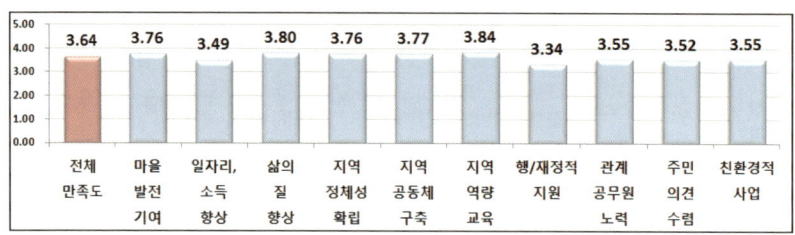

[그림 2-45] 진행 사업 전체 주민만족도(단위: 점)

진행 사업에서 남성(93명)과 여성(153명)의 주민만족도 전체 평균 점수는 3.64점으로 동일하게 나타났고, 남성은 '지역(마을)발전 기여' 문항, '지역역량교육' 문항, '관계 공무원 노력' 문항, '주민 의견 수렴' 문항 그리고 '친환경적 사업' 문항에서 여성보다 높은 점수를 보였으며, 여성은 '일자리창출·소득 향상' 문항, '삶의 질 향상' 문항, '마을(지역) 정체성 확립' 문항 그리고 '행·재정적 지원' 문항에서 남성보다 높은 점수로 나타났다.

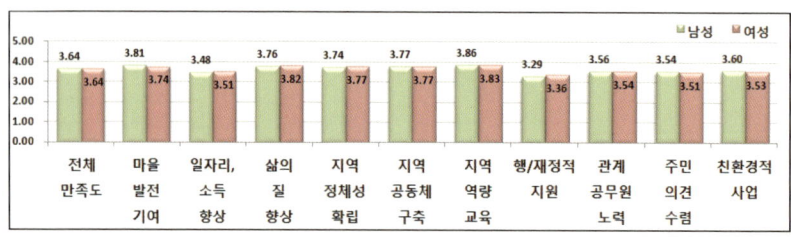

[그림 2-46] 진행 사업 성별 주민만족도(단위: 점)

진행 사업에서 70대 이상(36명)의 주민만족도는 3.52점이고 50-60대(190명)는 3.67점 그리고 50대 미만(20명)은 3.56점으로 50-60대의 주민들이 다른 연령대의 주민들보다 더 만족하는 것으로 나타났다.

대체적으로 많은 문항들에서 50-60대가 70대 이상과 50대 미만보다 더 만족을 하는 것으로 나타났지만 '주민 의견 수렴' 문항과 '친환경적 사업' 문항에서는 70대 이상의 주민들이 다른 연령대의 주민들보다 더 만족하는 것으로 보였으며, '주민간 신뢰·지역공동체 구축' 문항과 '행·재정적 지원' 문항에서 50대 미만의 주민들이 다른 연령대의 주민들보다 더 높게 나왔다. 이렇게 수치상으로는 연령대별 차이가 있지만 대부분의 문항에서 미미한 것으로 보였다.

[그림 2-47] 진행 사업 연령별 주민만족도(단위: 점)

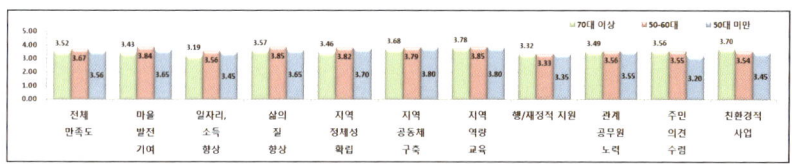

3 신규사업 주민만족도

2016년도 기준 신규사업으로 읍·면 중심지 활성화 사업에는 군북면 중심지, 가야읍 중심지가 있으며, 창조적 마을만들기사업에는 법수산권역, 무릉마을, 파수권역, 장암마을, 평광마을, 그리고 마산마을로 모두 8개 마을사업장이다.

'삶의 질 향상' 문항은 4.06점으로 가장 높은 점수를 보이고 있으며, '지역(마을)발전 기여' 문항이 4.03점, '지역역량교육' 문항이 3.94점으로 파악되었고, 반면에, '행·재정적 지원' 문항은 3.69점으로 가장 낮은 점수로 분석되었으며, '일자리창출·소득 향상' 문항이 3.73점, '친환경적 사업' 문항이 3.82점으로 평가되었다.

세부 문항별 만족도 수준에서 삶의 질 향상과 지역(마을)발전 기여에 대한 만족이 높게 나타난 것은 지금 착수하였거나 착수할 예정인 사업에 대한 기대가 높은 것으로 분석되어지며, 사업에 대한 행정적·재정적 지원의 만족도가 가장 낮게 나타난 것은 진행할 계획의 사업에 대하여 부족함을 느끼는 결과로써 나타난 것으로 보여졌다.

지역별 만족도는 마산마을 창조적 마을만들기사업의 만족도 점수가 4.47점으로 상대적으로 가장 높게 나타났고, 다음으로 법수산권역(4.45점), 장암마을(4.31점)의 순으로 나타난 반면, 군북면 중심지의 만족도 점수가 3.62점으로 상대적으로 가장 낮게 나타났고 가야읍 중심지(3.62점), 무릉마을(3.71점)의 순으로 나타났다.

[표 2-48] 신규사업 전체 주민만족도

조사 항목 \ 지역별	전체 평균(순위)	군북면 중심지 평균	표준편차	순위	가야읍 중심지 평균	표준편차	순위	법수산권역 평균	표준편차	순위	무릉마을 평균	표준편차	순위	파수권역 평균	표준편차	순위	장암마을 평균	표준편차	순위	평광마을 평균	표준편차	순위	마산마을 평균	표준편차	순위
16.99mm	4.03 (2)	3.75	0.86	8	3.98	0.75	5	4.40	0.50	2	3.82	0.39	7	4.20	0.75	4	4.51	0.68	1	3.95	0.60	6	4.30	0.48	3
일자리창출·소득 향상	3.73 (9)	3.30	1.06	8	3.46	0.90	6	4.41	0.57	2	3.88	0.33	4	3.37	0.83	7	4.36	0.84	3	3.80	0.77	5	4.60	0.52	1
삶의 질 향상	4.06 (1)	3.73	0.91	8	4.07	0.56	5	4.47	0.51	2	3.84	0.37	7	4.34	0.69	3	4.31	0.73	4	3.95	0.60	6	4.70	0.48	1
마을(지역) 정체성 확립	3.89 (5)	3.69	0.84	7	3.76	0.73	5	4.60	0.50	1	3.70	0.46	6	4.05	0.50	3	4.00	0.92	4	3.65	0.59	8	4.30	0.48	2
주민 간 신뢰·지역공동체 구축	3.91 (4)	3.81	0.76	6	3.55	0.80	8	4.40	0.50	2	3.76	0.43	7	3.93	0.57	5	4.13	0.89	3	3.95	0.60	4	4.50	0.53	1
지역역량 교육	3.94 (3)	3.32	0.99	8	3.67	0.69	7	4.37	0.49	4	3.80	0.40	6	4.44	0.74	3	4.64	0.54	1	4.20	0.62	5	4.60	0.52	2
행·재정적 지원	3.69 (10)	3.61	0.82	5	3.31	0.68	8	4.20	0.41	2	3.36	0.88	7	3.78	0.72	4	4.31	0.80	1	3.40	0.82	6	3.91	0.54	3
관계 공무원 노력	3.87 (6)	3.58	0.78	7	3.55	0.77	8	4.53	0.50	2	3.68	0.47	6	4.05	0.55	4	4.18	0.79	3	3.80	0.52	5	4.64	0.50	1
주민 의견 수렴	3.87 (6)	3.67	0.86	6	3.43	0.80	8	4.60	0.50	1	3.58	0.54	7	4.15	0.53	3	4.10	0.82	4	3.85	0.37	5	4.55	0.52	2
친환경적 사업	3.82 (8)	3.42	0.86	8	3.45	0.99	7	4.53	0.51	3	3.64	0.48	6	3.76	0.70	5	4.54	0.60	2	3.90	0.45	4	4.73	0.47	1
전체 (순위)	3.88	3.59		8	3.62		7	4.45		2	3.71		6	4.00		4	4.31		3	3.85		5	4.47		1

이와 같이 함안군 지역발전 마을사업중에서 신규사업에 대한 주민만족도 전체 평균 점수는 3.88점으로 나타나 함안군 마을만들기사업에 대한 주민의 인식 수준은 대체로 만족하는 것으로 평가되었다.

[그림 2-48] 신규사업 전체 주민만족도(단위: 점)

신규사업에서 남성(166명)의 주민만족도 점수는 3.78점이고 여성(134명)의 주민만족도 점수는 3.98점으로 여성이 남성보다 대체적으로 만족하는 것으로 나타났다. 모든 항목에서 여성의 만족도가 남성의 만족도보다 높게 평가되었으며 특히 '일자리창출·소득향상' 문항과 '지역역량교육' 문항에서 상대적으로 보다 큰 만족도 차이를 보이고 있었다.

[그림 2-49] 신규사업 성별 주민만족도(단위: 점)

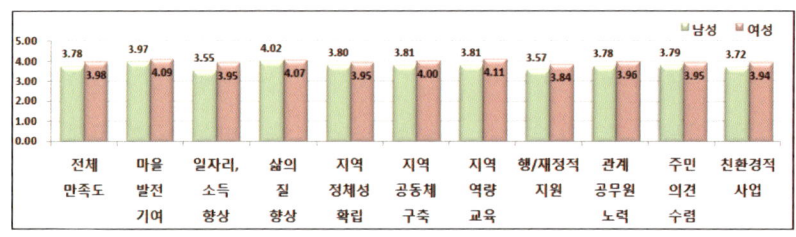

신규 마을사업에서 70대 이상(134명)의 주민만족도는 3.99점이고 50-60대(154명)는 3.82점 그리고 50대 미만(24명)은 3.65점으로 70대 이상의 주민들이 다른 연령대의 주민들보다 더 만족하는 것으로 나타났고, '지역역량교육' 문항을 제외한 나머지 문항들에서 70대 이상의 주민들이 50-60대와 50대 미만의 주민들보다 더 만족하는 것으로 나타났으며 '선진지 견학' 문항은 50대 미만의 주민들에게서 높은 만족을 보이고 있었다.

[그림 2-50] 신규사업 연령별 주민만족도(단위: 점)

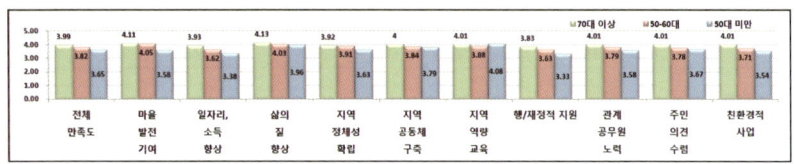

🏠 3. 외부에서 들여다본 함안군 마을만들기

❶ 전국의 언론들이 주목한 함안군 마을만들기

함안군 마을만들기를 소개하는 언론보도로서는 마을만들기 이오(2-5)프로젝트, 도시민 농촌마을투어 트임(T-YM)사업, 주민역량강화 농촌현장포럼, 마을만들기 관계자 워크숍, 농림축산식품부 행복마을만들기 콘테스트, 강주해바라기 마을축제 등 수도 없이 많이 있다.

[그림 2-51] 함안군 마을만들기 관련 언론보도

강주마을 해바라기축제는 법수산권역 창조적마을만들기 마을사업장의 강주마을에서 시작된 마을축제로서 축제는 물론, 해바라기를 6차 산업화하여 해바라기 기름과 에너지바, 막걸리 등을 생산·판매함으로써 도농교류 촉진을 통한 마을주민 소득향상에 기여하고자 한 마을사업으로 전형적인 마을만들기 사례라고 할 수 있었다.

이에 2015년 9월 인천송도에서 개최한 지역발전위원회 주관 지역희망박람회에서 대통령께서 극찬한 경남 함안의 강주마을 해바라기 축제는 70만 송이 해바라기 단지를 조성하여 해바라기 축제 3회와 청보리 축제를 처음 개최하여 이십여 만 명의 탐방객을 유치함으로써 국내외적으로 호평을 받았었다.

  KBS, 연합뉴스, YTN, 일본의 NHK까지 소개가 되었으며, 특히 주민소득창출을 위한 마을경제 활성화를 촛점으로 MBN의 '新부자 수업' 프로그램에 2부작으로 강주 해바라기 마을만들기를 방영하였고, 중국상해 통지대학교 등 외국에서도 방문하는 등 국내외에서도 벤치마킹이 쇄도하는 등 마을만들기 우수사례를 지속적으로 확산할 수 있었다.

[그림 2-52] 강주해바라기 축제관련 언론보도

2 학계가 우수행정사례로 인정한 함안군 마을만들기

앞서 언급한 바와 같이 마을만들기란 주민협의체를 기반으로 한 마을주민이 주도적으로 마을사업에 참여하여 마을 발전을 추구함으로써 지역주민 삶의 질을 향상시키고자 하는 일련의 동태적 과정을 의미한다. 이러한 함안군의 주민주도형 마을사업의 추진이 지역사회발전론의 실행 사례가 될 뿐만 아니라 지방자치단체의 정책 집행 사례였기에 학계의 관심을 받기에도 충분하였다.

행정공제회에서 발간하는 월간 지방행정 2016년 5월호에 '지방특수시책' 코너에 '함안군 로컬 거버넌스형 마을만들기'란 제목으로 소개되었으며, 사단법인 한국행정학회와 사단법인 한국정책기획평가원이 주관한 한국행정학회 2015년 동계학술대회에 2015년 후반기 우수 행정 및 정책사례 선발대회에 '함안군의 로컬 거버넌스형 마을만들기 사례'란 제목으로 참가하여 2015년 우수행정 및 정책사례로 선발되어 우수상을 수상하였다.

[그림 2-53] 월간 지방행정 2016년 5월호 표지와 내용 일부

: [그림 2-54] 2015년 우수행정 및 정책사례 상장과 관련사진 (출처:함안군 내부자료) :

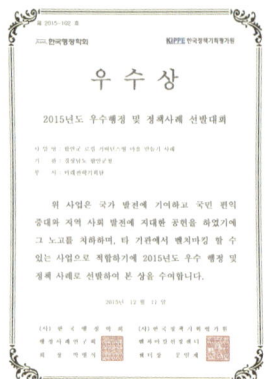

❸ 정부가 주민역량강화를 최고점수로 평가한 함안군 마을만들기

2012년부터 시작한 함안군 마을만들기 운동을 기반으로 한 중앙부처 공모사업에 참여하여 확보한 마을사업들에 대한 평가를 매년 말 실시하였는데 함안군은 매년 스페셜(S)등급을 획득하여 상사업비 수 억 원씩을 부상으로 추가 배정받아 농촌기반시설에 사용하는 등 마을사업에 본격적으로 참여한 이후 길지 않은 기간 내에 괄목할 성과를 기록하였다.

특히, 대통령 직속 지역발전위원회에서 주관한 지역발전사업의 2014년도 실적평가에서 농식품부 일반농산어촌개발사업을 그(때)사업으로 활용한 함안군 마을만들기를 통한 지역사회발전 '지역역량강화' 분야에서 전국 최우수 기관으로 표창을 수상하였다.

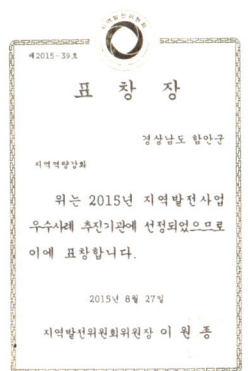

[그림 2-55] 지역발전위원회 이*종 위원장과 함안군수 수상소감 발표 (출처:함안군 내부자료)

또한 농림축산식품부 주관하여 2014. 11. 7. 경기도 안성 팜랜드에서 개최한 '2014년도 제1회 행복마을만들기 전국 콘테스트'에서 강주 해바라기 마을이 국무총리상을 수상하였고, 이어서 2015. 9. 15. 대전시 KT인재개발원에서 개최한 2015년 제2회 행복마을만들기 전국 콘테스트에서는 시군 마을만들기 분야에 "살고 싶고 머물고 싶은 함안만들기"란 주제로 한 함안군 마을만들기가 국무총리상을 수상하여 2년 연속 국무총리 휘장을 받았었다.

농식품부가 주관한 행복마을만들기 콘테스트는 시·군에서 추진한 지역사회발전 마을사업의 실적과 성과에 대하여 1차 서류평가를 하고, 이를 통과하여 우수한 시군을 대상으로 2차로 시군 마을 현장을 방문하여 주제 발표 및 현장 방문 평가를 실시한 후, 3차로 해당 시군들이 모두 한자리에 모여 전국 콘테스트 평가를 한 후 모든 점수를 합산하여 산정하고 수상 시군 또는 마을을 선정하였다.

[그림 2-56] 제1회 행복마을만들기 콘테스트 국무총리상 수상 (출처:함안군 내부자료)

콘테스트장에서 강주마을주민들과 국무총리 표창장

[그림 2-57] 제2회 행복마을만들기 국무총리상 수상 (출처:함안군 내부자료)

함안군 필자와 농식품부 차관(우측)

그리고 주민역량강화 교육을 통한 주민주도형 마을만들기를 기반으로 추진한 법수산권역 창조적마을사업 지구의 강주마을 해바라기 축제에 대하여 2015년 9월에 대통령 직속 지역발전위원회가 주관한 '지역희망박람회'에서 박 대통령께서 "존경하는 국민 여러분! 인구 140명 남짓밖에 되지 않는 경남 함안의 해바라기 마을은 자발적으로 70여만 송이의 해바라기를 심고 관련 상품까지 개발해서, 전국 7만 명의 관광객이 찾는 해바라기 축제를 성공시켰습니다. 참신한 아이디어에 열정이 더해지고, 지자체와 주민이 힘을 합쳐 노력하면, 못 이뤄낼 일이 없다는 것을 생생하게 입증하고 있습니다. 지역주민들의 이러한 노력들이 더욱 큰 성과로 이어져서 모든 지역이 희망이 풍성한 삶의 터전이 될 수 있도록, 저도 열과 성을 다해 노력하겠습니다."라고 칭찬하여 함안군 마을만들기는 전국적으로 우수한 지역발전 모델이 되었다.

[그림 2-58] 지역희망박람회 대통령연설 장면 (출처:함안군 내부자료)

🏠 4. 마을만들기로 거둔 성과와 아쉬운 점들

2012년부터 필자가 전략적으로 시작한 함안군 마을만들기에 대하여 많은 군민들이 관심을 가지기 시작하였고, 곧바로 경남의 우수 시군으로 주목을 받으면서 전국적인 관심 사항으로 되어 국내외 언론보도가 쇄도하여 많은 관광객과 벤치마킹으로 이어져 왔다. 함안군 마을만들기가 지역사회 발전 사례로 지방정부학회, 한국행정학회 등 각종 포럼 등에 소개됨으로써 학계에서도 비상한 관심을 가지게 되었으며, 특히 중앙정부 각종 평가에서도 우수성을 인정받아 국무총리상을 받는 등 많은 성과를 거둔 바 있다.

이렇게 마을만들기 운동을 통하여 함안군의 브랜드가 전국적으로 홍보되었으며, 함안군의 많은 마을리더는 마을만들기를 통하여 지역주민 삶의 질을 향상시키기 위해 앞다투어 마을사업에 참여하기를 희망하였다. 이렇게 필자가 전략적으로 추진한 함안군 마을만들기는 군민의 평가에서도 우수한 점수를 받았지만, 외부 평가에서도 호평을 받아 시간이 갈수록 더 많은 언론이 주목하기 시작하였고, 학계의 전문가들도 '지역사회발전 우수사례'로 '마을만들기'에 특별한 관심을 가지고 들여다보았다.

법수산권역 창조적마을사업장의 강주마을 해바라기축제는 대통령께서 극찬을 하였고, 대통령 직속 지역발전위원회[44]가 담당하여 추진하는 지역발전사업의 전국 평가에서 '지역발전사업 지역역량강화부문'에서 전국 최우수 기관으로 선정함으로써 필자가 주도적으로 추진한 '함안군 마을만들

. . . .
44) 대통령 직속 지역발전위원회는 2003년 4월 7일 노무현 정부 출범 당시 국가균형발전위원회라는 이름으로 설립되었으나, 2008년 이명박 정부 이후 2009년에 지역발전위원회로 명칭이 변경되었다. 사용예산이 지역균형발전특별회계 또는 지역발전특별회계 등 명칭에서 보는 바와 같이 국가보다는 지역사회발전을 위하여 설립된 대통령 직속기관이었다.

기'가 '대한민국의 대표적인 지역사회 발전사업'으로 인정받게 되는 성과를 거두었다.

　이와 같이 필자는 거버넌스 체제로 운영되는 마을만들기 운동을 기반으로 농식품부 등 중앙정부 공모를 통한 각종 마을사업들을 타 시군에 비교 우위적으로 많이 확보하여 함안군 모든 읍면에 마을사업을 실행할 수 있었으며, 그 규모는 2019년 기준 48개 지구에 총사업비 약 일천이백억 원이었다.
　이와 같이 확보한 마을사업을 시설사업 시행 부서인 건설과로 이관하면 건설과는 한국농어촌공사 경남본부 또는 함안지사와 위수탁 계약을 체결하여 마을사업을 위탁 시행하였다.
　그러나, 전문가 자문을 여러 차례 거쳐 마을사업의 내용들을 설계 기획한 세부 내용들이 함안군 건설과와 한국농어촌공사가 마을사업 시행을 위한 실시하는 기본계획과 시행계획을 수립하는 과정에서 애초 의도와 다른 내용으로 바뀌는 사례들이 다수 발생하였다. 그 결과 살고 싶고 머물고 싶은 함안의 마을을 만들어 지역 주민 삶의 질을 향상시킨다는 마을만들기 달성목표가 다른 방향으로 흘러가는 사례가 자주 발생하곤 하였다.
　그 이유를 분석해 보면 주민주도형 마을사업인 만큼 주민협의체 또는 사업 추진위원회 구성원들이 교체되는 경우가 자주 있으며, 일부 주민들의 시설물 건립에 대한 무분별한 욕구를 지적해 볼 수 있다. 즉, 대부분의 마을에서 마을이장이 마을사업 추진위원장을 겸임하는데 마을사업을 시행하고 있는 기간[45]에 이장이 교체되는 경우 새로운 추진위원장의 성향에 따라 당초 의도했던 마을사업의 내용이 변경되는 경우가 자주 발생하였다. 또한 추진위원들의 성향에 따라 주민 소득창출이라는 명분으로 몇몇 사업장에

----

45) 마을단위는 2~3년, 권역단위는 4~5년, 중심지활성화사업은 5년이 기본 기간이며 진행속도에 따라 1~2년 정도 연장되는 경우도 자주 있다.

서 찻집 등 건축물 건립을 주장하였으며, 사업 시행 실무기관인 한국농어촌공사와 시행 감독 부서인 건설과 직원들은 그러한 추진위원들의 검증되지 않은 충동적인 시설물 건립 사업에 대하여 설득력 있게 설명하지 못함으로써 일어난 사항이라고 관찰되었다. 그리하여 마을사업기획부서가 마을사업 입안할 때부터 발전협의회 자문회의 등 전문가 자문을 여러 차례 거쳐 계획한 마을사업의 순기능 방향을 역기능으로 돌리는 경우가 되었다.

물론 앞서 언급한 함안군 발전협의회 추진사항보고회에서 전문가 자문과 검토를 통하여 지적할 수도 있었지만, 강제력이 없는 권고사항에 불과하여 추진위원회에서 시행하기로 이미 결정된 사안들을 되돌리기에는 불가항력일 수밖에 없었다고 할 수 있다. 즉, 마을사업 기획부서와 사업시행부서가 동일한 부서였더라면 이런 문제가 발생할 경우에 발전협의회 전문가의 참여와 설득을 통하여 사전에 방지할 가능성이 매우 높았다고 볼 수 있다. 앞서 소개한 발전협의회 자문회의에서 사업의 타당성을 검토하여 실행 불가 또는 변경 실행 등의 자문을 한 사례가 다수 있었고, 마을 리더분들도 전문가들의 의견을 존중하여 사업장에 반영하는 사례가 많이 있었다. 이처럼 발생하는 여러 문제점을 해결하기 위하여 마을사업 기획 부서와 사업 시행부서를 통합하여 마을만들기를 전담하는 부서[46]를 만들고자 수차례에 걸쳐 함안군 내부적으로 건의하였으나 여러 가지 사정을 내세워 필자가 미래전략기획단장으로 마을만들기를 전담할 동안에는 통합부서를 만들지 못하였다.

이와 같이 마을사업을 발전협의회 전문가와 함께 거버넌스 체제로 기획하는 공모부서와 시설사업에 치중하여 마을전문가도 없이 추진하는 사업 시행부서가 서로 다른 가치와 역량에 따라 운영됨에 따라 소프트웨어 역량

---

46) 과거의 새마을과(課)처럼 마을만들기를 전담하는 과(課)단위의 조직을 그 당시에 신설한 시·군들이 많이 있었으며, 함안군의 경우는 2019년 초에 비로소 통합기구로 혁신성장담당관이 신설됨.

강화사업과 하드웨어 시설사업의 조화로운 실행으로 연계되기는 어려운 구조였다. 예를 들면, 마을사업 기획(공모)부서는 주민역량강화사업의 중요성을 강조하고, 사업 시행 부서는 토목과 건축 등 시설사업의 구조나 안전성 등의 중요성을 강조하여 상호 보완적이라기보다는 서로 상충적으로 작용한 사례가 훨씬 더 많았던 것으로 관찰되었다. 물론 이론적으로는 상호 보완적으로 작용할 수도 있겠지만 현실적으로는 그렇지 못했다는 것이다. 이렇게 한 개의 마을사업을 두 부서에서 추진함에 따라 발생하는 여러 가지 문제점은 행정, 토목, 건축 등 직종이 서로 다른 공무원들의 서로 다른 가치와 인식의 문제가 다소간에 작용하고 있음이 관찰되었으며, 또한, 부서 할거주의라는 관료조직이 안고 있는 고질적 병폐 역시 앞으로 해결해야 하는 과제로 남는다 할 것이다.

어쨌든 함안군 마을만들기는 2012년부터 시작하여 단 3년 만에 활성화되어 2015년에 대통령의 찬사 등 최고의 정점을 기록한 후 꾸준하게 지속되다가 2018년 12월 31일 미래전략기획단은 역사 속으로 사라졌다. 이어서 2019년에 코로나-19(COVID-19)가 발생하여 펜데믹(pandemic)이 3년 동안 난립하면서 마을공동체 활성화에 바탕을 둔 주민협의체의 역량을 기반으로 실행하는 함안군 마을만들기는 그 자취를 찾아보기 힘들 정도로 침체되어갔다.

이후 2020년 1월 필자가 혁신성장담당관으로 복귀하여 마을만들기 운동을 재개하려고 노력하였으나 코로나-19 펜데믹으로 활성화하지는 못하였고, 단지 주민이 모이지 않아도 되는 서류작업으로서 마을만들기 중간지원 조직을 설립하기 시작하였다. 각종 법인 사례와 관계 법령 등을 검토하여 그해 7월 '사단법인 지역공동체 활성화 지원센터'라는 명칭으로 중간지원 조직을 설립하였고 구성원들의 사무와 역할 등의 세부적인 사항을 정립하고 가야읍농촌중심지활성화사업장의 가야어울림센터에 터전을 마련하여 본격적인 활동을 하도록 조치하였다.

　이러한 함안군 마을만들기 성과로써 인구 압출 요인의 감소 또는 인구 흡인 요인의 증대 등 지역소멸 대응의 측면에서 인구 증감 내용을 살펴보면 마을만들기 원년인 2012년부터 함안군 마을만들기가 가장 활발하게 실행되었던 2015년까지 함안군 인구는 67,476명에서 69,156명으로 3년간 1,680명이 증가하였다. 그러나 마을만들기 운동이 주춤하면서 시들어간 2018년부터는 매년 일천여 명 이상씩 감소하고 있어 현재 함안군은 소멸 위험 진입단계에 접어들었다. 물론 함안군 마을만들기 운동과 함안군 인구의 증감에 대한 과학적 인과관계가 밝혀진 바 없지만, 지역 주민 삶의 질 향상이 인구 이동의 사회적 요인과 인과관계가 있다는 연구 결과는 이 책 서두에서 언급한 바 있다.

　농식품부의 일반농산어촌개발사업을 모(母)사업으로 함안군 마을만들기를 추진하여 쇠락해진 농촌을 부활시키기 위하여 노후된 농촌생활환경을 정비하고 농촌 경관 등 농촌다움을 복원하여 지역주민 삶의 질을 향상시키는데 이바지한 성과는 있지만, 우리나라 전체 인구가 감소하기 시작함에 따라 함안군 인구를 지속적으로 늘리는 것을 사실상 불가한 실정이었다. 따라서, 함안군은 마을만들기를 통한 지역주민들의 정주생활환경 개선과 주민편의시설 확충으로 인구의 사회적 유출을 최소화하는 정도의 성과를 거두는 소극적인 목표 달성에 만족해야만 했던 아쉬움은 남아있다.

　대한민국 전체 인구가 급속하게 줄어들면서 전국이 인구 감소 시대에 접어들었기 때문에 어떤 수단을 동원하더라도 농촌지역의 인구를 증가시킬 수 있다는 것은 무리한 목표일 수밖에 없을 것이다. 하지만, 함안군 마을만들기가 최고로 활기찼던 기간 동안 인구가 약 1천 명 이상 증가한 사례에서 보았듯이 '마을만들기'를 통해 지역 주민 삶의 질을 향상시키려고 노력

한다면 인구 압출 요인들을 줄이고 인구 흡인 요인들을 늘림으로써 지역 인구의 사회적 감소율을 상대적으로 줄일 수 있는 효과를 충분히 거둘 수 있을 것으로 본다.

이와 같이 추진한 함안군 마을만들기 운동에 대한 사례를 책으로 만들기 위하여 집필하는 도중에 함안군 관내 마을들을 둘러보면서 아름답게 꾸며진 마을 담장, 특색있게 다듬어진 마을안길, 친환경적으로 손질된 또랑, 재래식 화장실과 슬레이트 지붕이 사라진 마을, 편리하게 리모델링한 마을회관과 어르신 쉼터 등을 어느 마을에서나 손쉽게 만나 볼 수 있게 되어 마을만들기가 주민들의 정주생활환경을 개선하는 데 이바지한 바가 매우 컸다는 것을 알 수 있었다.

그리고 마을만들기 운동에 편승하지 못하여 마을사업을 하지 못한 마을조차도 주민 스스로 담장 정비와 마을 경관을 꾸미는 등 마을주민들의 주도적인 역량이 예전과는 확연히 다르다는 것을 알 수 있었고, 자기 마을을 스스로 가꾸고자 하는 노력과 열정이 매우 높다는 것을 쉽게 느낄 수 있었기에 함안군 마을만들기 운동의 재도약과 지속적인 발전 가능성도 충분히 기대할 만한 것으로 보인다.

[그림 2-59] 함안면 소재지 마을벽화

좋은 마을만들기를 위해 남은 숙제들

살기 좋은 마을을
어떻게 만들 것인가?

지역소멸 위기에 처해있는 지방자치단체의 인구유출의 방지와 인구유입의 동기를 부여할 수 있는 '지역 주민 삶의 질 향상'을 위한 지방정책(local policy)으로써 '마을만들기'의 성공적인 실행을 통한 지속가능한 발전을 위하여 해결해야 할 과제들이 여러 가지가 있을 것이다. 이와 같이 성공적인 마을만들기를 위하여 추진해야 할 과제들을 함안군의 마을만들기 실행 사례에서 발견되고 관찰된 각종 논제거리와 현재 일어나고 있는 각종 문제점을 함께 살펴보면서 살기 좋은 마을을 어떻게 만들 것인가에 대하여 남은 숙제들을 제시해 보고자 한다.

🏠 1. 주민과 공무원 등의 자세가 중요하다

1 주민들은 적극적인 참여와 주인의식을 높여야 한다.

성공적인 마을만들기를 위한 주요 영향요인으로서 작용하는 것들 중의 하나가 마을만들기에 주민들의 마을사업 참여 문제이다. 주민참여는 주민주도형 마을만들기라는 주민자치의 실현 차원에서 매우 중요한 내용이지만, 주민 참여가 마을만들기의 전반에 미치는 영향은 매우 크게 관찰되고 있다. 예를 들면 마을사업에 주도적으로 참여하지 못하는 주민들에게는 소외된 비판의식이 증가할 수 있고, 참여한 주민일지라도 팔로워십(followership) 역량이 모자란 주민이 리더십(leadership)이 부족한 마을리더와 만난다면 갈등(葛藤) 유발과 주민협의체 운영의 부실로 연결되어 주민 참여 자체가 미흡해짐으로써 마을사업에 대한 부정적 시각을 가지는 주민들이 더욱더 증가할 수 있다. 이러한 마을의 경우에는 마을 리더가 교체되기 쉬운 마을사업장으로 전락하여 실패할 확률이 증가한다. 즉, 주민 참여 기회의 감소가 주민 역할의 축소와 참여 동기 결여로 이어져 마을사업에 대한 부정적 시각을 불러오고, 그 부정적 시각은 또다시 마을주민들의 마을사업 불참으로 연결되는 악순환이 반복되는 결과로 나타나기 때문에 주민 참여는 성공적인 마을만들기를 위해서 중요한 영향요인으로 관찰되었다.

그리고, 마을사업으로 시행한 마을안길, 하천 등 기초생활 기반시설과 마을회관, 경로당 등에 대한 주인의식은 물론이고, 주민소득창출과 추진위원회 이용 공간 확보의 목적으로 건립한 '마을 활성화 센터'는 완공 후 행정으로부터 인수하여 주민협의체가 유지관리해야 함은 물론이고 운영까지 직접 해야 하는 만큼 무관심 속에서 방치되는 사례[47]가 없도록 마을 주민들의 주인의식은 더욱더 강조된다.

또한 마을사업장 주민들이 추진위원회 등 주민협의체 운영 중에 세부 사업의 추진 과정에서 의사결정을 할 때 의견 충돌이 다소간에 발생하는 것으로 관찰되었다. 이러한 이견들이 분쟁과 갈등으로 점화되는 것을 방지하기 위해서는 협력과 화합, 나눔과 배려, 봉사와 희생 등의 덕목이 강조되어

---

47) 일정한 수입 창출이 없는 '마을 활성화 센터'와 소득창출을 목적으로 건립한 일반건물들이 여러 가지 사유로 주민들의 무관심 속에서 그대로 방치되는 사례가 전국적으로 쉽게 볼 수 있다.

야 할 것으로 보인다. 누구나 잘 알고 있는 진리로서 서로 간의 이견에 대하여 '틀림'보다는 '다름'이라는 인식 제고가 주민 주도형 마을사업장에서는 더욱더 절실히 요구된다고 할 것이다.

이와 같이 주민들의 마을사업에 대한 참여의식 함양, 마을에 산재한 각종 자원과 마을공동시설물에 대한 주인의식을 제고하는 교육, 마을사업의 중요한 덕목으로서 주민 상호 간의 협력과 화합, 이웃들 간의 나눔과 배려, 지역사회에 봉사와 희생을 함양하는 교육, 마을을 주민 스스로 발전시키고자 하는 주민자치 역량 등을 강화하는 교육으로서 리더십(leadership)과 팔로워십(followership) 그리고 파트너십(partnership)등의 프로그램을 상시적으로 운영하는 체계가 구축되어야 할 것이다. 결국, 마을사업이 주민주도형인 점을 고려해 보면 이러한 주민역량강화사업의 상시 운영체계가 마을만들기 성공 여부에서 가장 중요한 영향요인(影響要因)이 되는 것임을 누구나 쉽게 짐작할 수 있다.

2 동전의 앞면을 손에 쥐면 뒷면도 같이 쥐어야 한다.

마을만들기가 주민자치역량을 강화하여 주민 스스로 마을을 발전시키는 활동을 통하여 지역 주민 삶의 질을 향상시키는 것을 주요 목표로 하는 만큼 마을사업 담당 공무원과 마을사업 시행기관인 한국농어촌공사, 지방공사, 그리고 용역업체와 중간지원 조직 등 마을만들기 협력 기관 직원들의 마을 주민들에 대한 인식의 문제가 마을만들기에서 중요한 영향요인이 된다.

대부분의 마을 주민은 주민주도형 마을사업을 접해본 적이 별로 없을 뿐만 아니라 마을경제에 대한 경험은 더욱 부족하다. 이러한 경험 부족 때문에 발생하는 주민들의 일탈적 행태에 대한 담당 공무원 등[48]의 부정적 인식이 가중될 수 있고, 아울러 주민들의 자치 역량에 대한 신뢰도 점진적으로 줄어들고 만다. 그리하여 공무원 등이 마을사업장 주민들을 지도해야 하는 대상 또는 관리해야 하는 대상으로만 인식하게 되어 결국에는 주민협의체와 함께 나아가야 한다는 파트너십(partnership)은 요원(遙遠)하게 되는 사태가 발생하는데 이러한 공무원 등의 주민에 대한 인식 문제가 마을만들기의 또 다른 중요한 영향요인이 된다.

따라서, 담당 공무원과 협력 기관 직원 등은 마을사업 추진 중에 나타나는 각종 부작용이나 문제점들이 주민들에게는 스스로 학습하는 계기가 될 수 있고, 중·장기적으로 마을 발전의 밑거름이 될 수 있음을 인식할 필요가 있다. 또한, 주민이 존재하기 때문에 공무원 등이 있고, 부족함이 있어야 비로소 넉넉함을 알 수 있다는 인식 등 사람들의 상호관계(相互關係)는 양면성(兩面性)을 가지고 있다는 사실을 인지할 필요가 있다.

그리고 이러한 복잡한 현상들이 마을만들기 현장에서는 빈번하게 나타날 수 있는 주민들의 일상적인 행태인 것으로 받아들이는 적극적이고 긍정적인 파트너십(partnership) 자세가 마을만들기의 성공을 위하여 가져야 하는 공무원 등의 바람직한 자세라고 할 수 있다.

그렇지 않고 만약에 공무원 등이 상호 관계의 양면성을 간과하고 마을사업장 주민들을 긍정적이지 못한 시각으로 바라보면서 주민 자치 역량을 신뢰하지 못하게 된다면, 행정과 주민들 사이에 갈등(葛藤)이 발생할 가능성이 높아지고, 마을사업장 주민을 상대하는 담당 공무원 등이 겪는 직무상 스트레스 빈도가 증가할 수밖에 없을 것이며, 마을사업 추진에 대한 의욕 저하와 직무에 대한 소극적인 행태 등으로 이어져 결국에는 마을만들기의 실

----

48) 주민들을 대상으로 마을만들기를 실행하는 한국농어촌공사, 함안지방공사, 지역공동체 활성화 지원센터(중간지원 조직)과 용역업체 직원들까지 포함한다.(함안군의 예시)

패로 연결될 가능성이 높아질 것이다.

따라서 마을사업 담당 공무원과 사업 시행기관인 한국농어촌공사 또는 지방공사, 그리고 용역업체와 중간지원 조직 등 마을만들기 협력기관 직원들이 '동전의 앞면을 손에 쥐면 뒷면도 같이 쥐어야 한다.'라는 진리로 마을 주민들에 대한 상호 관계의 양면성을 인정하는 긍정적 인식을 함양해야 할 것이다. 그리고 그에 따른 각종 역량강화 교육 프로그램도 체계적이고 정기적으로 운영해야 할 것으로 판단된다.

2. 법규와 조직을 잘 만들어야 한다

1 법규가 공무원 등의 발목을 잡아서는 안 된다.

성공적인 마을만들기의 실행을 위해서는 마을만들기 지원 조례가 필수적으로 있어야 하는 법규이다. 행정기관이 주민들에게 예산 등 각종 지원을 하고자 할 때는 반드시 법률이나 조례의 근거가 있어야 한다. 만약에 법률이나 조례가 없다면 행정적이든 재정적이든 마을사업을 지원할 근원이 없기 때문이다.

함안군의 경우는 2014년 11월 26일 자로「함안군 마을만들기 지원 등에 관한 조례」를 제정하여 시행되었으나 약 7년 후, 2021년 11월「함안군 일반농산어촌개발사업 추진 및 중간지원 조직 지원·운영 조례」로 통폐합하면서 일반농산어촌개발사업 중의 하나인 '마을단위사업'을 전술한 조례에서 규정한 '마을만들기'로 잘못 이해하여 혼용된 것이 흔적으로 남아있고, 지역 주민 삶의 질을 향상시키는 목적을 가진 '마을만들기'의 원래 개념은 사라진 것으로 보인다. 또한, 일부 조항에서 마을리더연합회, 중간지원 조직에 관한 용어 등은 흔적으로 남아있으나, 그들에 대한 지원 및 관리에 관한 근거 조항들은 미미하여 함안군 마을만들기 관련 법규로서는 많은 내용이 부족해 보인다. 그리고 중간지원 조직인 사) 함안군 지역공동체 활성화지원센터의 운영에 대한 행정기관의 관리 기준과 근거 규정들도 미흡하여 이 또한 마을만들기 중간지원 조직에 관한 법규로서 역할을 하기에는 여러 가지 부분들이 부족하다고 판단된다.[49]

만약에 마을만들기 지원에 관한 조례가 없거나 미비한 시군이 현재 시점에서 조례를 제정하고자 한다면 주민주도형 마을만들기에 대한 제반 요소들을 세부적으로 상세하게 규정해야 함은 물론이고, 다음 파트에서 별도로 후술할 예정인 『농촌 지역 공동체 기반 경제·사회 서비스 활성화에 관한 법률』과 관련하여 시군의 역할 등 제반 요소들도 면밀히 검토하여 마을만들기 지원 조례에 반영해야 할 것이다. 또한, 『농촌 공간 재구조화 및 재생 지원에 관한 법률』과 관련된 시·군의 역할도 역시 조례로 규정하여 '마을만들기를 통한 농촌재생'의 방안들을 발굴하고 기획함으로써 지역소멸기금 등 국·도비 확보에 선제적으로 대응할 필요가 있을 것이다.

그리고, 앞서 행정 분야 영향요인에서 언급한 바와 같이 주민주도형 마을만들기에서 행정기관의 지원은 매우 중요하다는 것을 알 수 있었고, 지자체 예산의 지원은 반드시 법률의 수권이 필요하므로 공무원의 합법적인 예산지원을 위해서도 올바른 조례가 필요하다. 만약에 관련 조례에 행정지원 또는 예산지원에 관한 명시적인 규정이 부실하다면 담당 공무원의 대부분은 향후 감사 등에서 논란이 될 수 있음을 사유로 관련 사무를 기피 또

---

49) 2025년 현재 시점에서 함안군 일반농산어촌개발사업의 마을사업장이 총 60여 개인 것으로 파악되는데, 지역 주민 삶의 질을 향상시키는 지속 가능한 마을만들기를 위한 마을사업장의 발전적인 지원과 효율적인 유지관리를 위해서 법률가 및 마을만들기 전문가의 자문과 조언을 받아 관련 조례들을 다시 제정하는 등 전반적으로 재정비해야 할 것으로 보인다. 현재 전국 147개 지자체가 마을만들기 관련 자치법규를 운영하고 있는 것으로 파악되니 바람직한 법규 제정을 위하여 이들을 참고하는 것도 조례 제정에 도움이 될 것이다.

는 회피할 것이기 때문이다.

 이와 같이 공무원 등의 담당 업무 수행 관련 법규는 마을만들기뿐만 아니라 모든 사무 집행의 근거가 되고 공무원들의 감사 기준이 되기 때문에 조례가 공무원 등의 발목을 잡는 일이 없도록 매우 신중하게 취급되어야 하며 체계적으로 제정되어 있어야 한다.

2 전담 행정조직은 약방의 감초이다.

 중앙정부가 중점적으로 추진하는 공모사업 등 대부분의 국책 사업은 전담 부서의 설립 여부가 가점과 감점 사유가 되어 사업 선정에 많은 영향을 미치고 있으며 농식품부 마을사업 공모에서도 역시 마찬가지였다. 이처럼 마을만들기에서 전담 부서는 마을사업 실행을 총괄하는 역할을 하므로 더욱 중요한 영향요인이 된다.

 함안군의 경우에는 2012년 기획감사실 균형발전담당에서 마을만들기를 시작하였으나, 2015년 1월에 부단체장 직속으로 '미래전략기획단'을 독립적인 전담 기구로 설치하였고, 전담 부서를 가점으로 규정한 농식품부 일반농산어촌개발사업과 지역발전위원회 새뜰마을사업 등 정부 공모에서 도움이 되어 국·도비 확보에 많은 플러스 요인이 된 바 있었다.

 많은 전문가가 어느 정도 규모가 있는 새로운 정책을 입안할 때 약방의 감초처럼 전담 부서의 설립을 주장하는 경우가 대다수이다. 이는 사무 담당 공무원의 행태만큼이나 전담 부서가 중요한 역할을 한다고 보는 것이며, 함안군 사례에서 보듯이 그러한 전담 부서의 필요성에 대하여 부인하는 경우는 찾아보기 어려운 것이 사실이다.

 이와 같이 지역소멸 위기 대응책으로써 주민 삶의 질 향상을 목표로 하는 마을만들기의 성공적 추진을 위하여 전담 부서는 반드시 필요하고, 이를 설치하고자 하는 경우에 필수적으로 포함해야 하는 사무들을 예시해 보면, 마을발전사업의 기획과 공모, 전문가협의체 등 협력 기구와 중간지원 조직의 관리, 하드웨어 기반시설 설치, 소프트웨어 지역역량강화사업, 그리고 마을만들기 지속성 확보에 중요한 마을법인설립 등 마을경제 활성화 지원 등이 전반적으로 전담 부서에 포함되어야 할 필수 사무들로 파악되었다.

❸ 역동적인 마을에는 전문가가 필요하다.

 성공적인 마을만들기를 위하여 전문가협의체는 필수적으로 설립 운영해야 하는 마을만들기의 중요한 영향요인이 된다. 전문가협의체는 마을사업의 입안과 시행, 그리고 평가까지 모든 진행 과정에서 필수적으로 관여하는 시스템으로써 설립 운영되어야 하는 중요한 기구라고 판단된다. 예를 들어 마을사업 기획과 추진과정에 전문 분야별 자문, 주민협의체 운영상 빈번히 발생할 수 있는 상호 간의 중재와 갈등관리 등의 기능을 수행하는 자문기구는 필수적으로 필요하다. 즉, 마을사업장이 역동적일수록 전문가가 더 필요하게 된다는 것이다. 그리고, 역할론에서는 각 분야의 전문가들로 구성하여 각자 분야별로 자문하는 방법도 있으며, 각 마을사업장과 1대 1로 결연 맺어 멘토 역할을 하는 방법은 마을사업에 전문가들의 참여를 손쉽게 유도하는 방법의 하나이다.

 함안군의 경우에는 앞서 언급한 '함안군 발전협의회'가 그 사례이며, 자문 기능뿐만 아니라 심의 기능까지 갖추고 있었기 때문에 마을사업에 어떤 문제가 발생하였을 경우 검토, 분석하고 심의하여 그 결과를 마을사업 추진위원회에 권고하여 사업의 변경, 또는 대체 사업을 제시하였고, 한편으로는 마을사업이 주민주도형인 점을 근거로 하여 추진(운영)위원회가 비효율적이거나 불합리한 사업을 추진하려고 할 때 발전협의회 심의를 통하여 추진 불가 통보를 하기도 하였다. 이런 경우에 마을사업 추진위원회는 예상되는 문제점에 대하여 충분히 학습하고 대책을 마련하고 추진하는 등 특별한 사유가 없는 한 발전협의회의 전문적 권고 사항을 받아들였다.

　이와 같이 함안군 발전협의회 등 마을만들기 전문가협의체가 행정기관과 주민협의체 사이에서 발생할 수 있는 의견 충돌, 분쟁 등 갈등(葛藤) 사항을 사전에 해결할 수 있는 중간 역할을 함으로써 마을만들기 성공도를 한층 더 높일 수 있다.

4 시니어와 주니어가 함께하는 마을을 만들어야 한다.

　성공적인 마을만들기를 위하여 전문가협의체만큼이나 중요한 협력 기구는 마을사업장 상호 네트워크 조직이 마을만들기의 중요한 영향요인이 된다. 함안군의 경우에는 마을사업의 추진위원장과 사무장들로 구성된 네트워크 조직인 '함안군 마을리더연합회'가 여기에 해당한다.

　마을리더연합회의 구성원인 마을사업 추진위원장과 사무장들 사이에 네트워크 활동이 마을경제 협력체제 활성화를 통한 마을만들기 지속성을 확보하는데 중요한 역할을 할 수 있다는 것을 '함안군 마을리더연합회'가 추진한 트임(T-YM) 사례에서 관찰할 수 있다. 물론 앞서 언급한 바와 같이 트임(T-YM)사업이 코로나-19 펜데믹 때문에 단기간 운영되었지만, 마을리더연합회가 주체가 되어 마을사업장의 체험 등을 연계하여 운영하는 방식으로 진행한 사례로서 마을경제 활성화의 기반이 될 수 있는 대표적인 마을사업장 간의 네트워크 사업의 사례에 해당한다.

　함안군 마을리더연합회는 정기회의나 합동 워크숍을 개최하여 마을전문가를 초빙하여 마을리더로서의 역량강화 교육을 스스로 청강하고, 행정기관의 정책과 각자 마을사업장 상호 간의 정보교환 등으로 마을만들기의 성공도를 높이고, 행정과 주민 사이의 가교로서 역할을 했으며, 특히, 주민의 소리를 행정이나 발전협의회 전문가들에게 전달하는 역할도 수행하였다.

그리고, 지역소멸에 대응하기 위한 사회적 인구 유입과 인구의 자연적 증가 방안으로서 청년들의 위치는 매우 중요한 자리를 차지하고 있다. 따라서 마을만들기에 청년들의 역할을 부여함으로써 자연스럽게 청년인구를 지역사회에 유입할 수 있도록 전략적이고 체계적으로 기획하고 추진해야 한다.

함안군 마을만들기 사례에서는 함안군에 정착을 희망하는 청년 주니어(junior)들에게 함안군 발전협의회 전문가와 함안군 마을리더연합회의 마을리더가 시니어(senior)로서 멘토(mentor) 역할을 한 사례가 있었고[50], 마을만들기 운동에 청년들의 참여를 제고하기 위하여 경상남도 청년친화도시 공모사업을 확보하여 함안군 청년들이 더욱더 적극적으로 지역사회의 중심 역할을 할 수 있도록 청년역량강화사업을 추진한 바 있었다.

그리고 최근 동향으로 마을 이장과 마을만들기 리더분들의 자녀들이 귀촌하는 사례가 많아지고 있는 것으로 파악되었다.[51] 그런데 이들은 인근 도시에서 농촌으로 출퇴근하면서 농사 일을 하고 있기 때문에 귀촌한 지역의 지역사회 활동에 참여하는 사례는 극히 드물다고 하고 있다. 따라서, 이들에게 지역사회에서 중심적인 역할을 부여하고 영농 지역에 정착할 수 있는 동기를 가질 수 있도록 기성세대인 발전협의회 전문가와 함안군 마을리더연합회가 멘토로서 역할을 체계적으로 할 수 있도록 청년과 함께하는, 시니어(senior)와 주니어(junior)의 어울림 역량강화 프로그램을 기획하여 제공하는 등 제도적인 방안을 구축하는 것이 마을만들기 활성화를 통하여 지역소멸에 대응하는 시급한 과제로 떠오르고 있다.

....
50) 멘티였던 청년들의 동아리 명칭은 '함안인싸'이며 행안부 "청년자치·자립 시대를 연다" 공모에 선정되는 등 현재 함안군 지역사회에 정착하여 활발히 활동하고 있다.
51) 필자가 2025. 4월 함안군 마을리더연합회 회장의 인터뷰 결과임.

🏠 3. 중간지원 조직이 해야 할 일들은 무엇인가?

1 지역공동체 활성화센터의 역할을 확충해야 한다.

　마을만들기에서 중간지원 조직은 행정기관과 주민 사이에서 가교역할을 하면서 주민의 목소리를 대신 전달하고 행정 사무를 대행한다. 특히, 행정기관 공무원들의 잦은 인사이동으로 인하여 담당 사무의 연속성이 없고, 마을만들기에 대한 전문성을 담보하기 어려워 시행착오를 범할 우려가 매우 크다. 이러한 문제점을 해결하기 위하여 설립하는 중간지원 조직은 지속적이고 전문적인 역할을 이행하도록 운영해야 하므로 마을만들기에 대한 전문성이 무엇보다도 중요하며, 영리에 있어서는 공익성이 확보되어야 하고, 마을만들기 정책의 지속성을 담보할 수 있는 조직이어야 한다.
　중간지원 조직의 마을사업장에 대한 지속적인 지원체계를 구축하는 것은 발전협의회와 같은 전문가협의체의 협조 체제를 구축하는 것보다 훨씬 더 중요하다고 판단된다. 그 이유는 전문가협의체는 필요시 자문하는 역할을 하면 되지만 중간지원 조직은 마을만들기를 실행하는 행정기관의 권한을 수탁하여 전반적인 사무를 대행해야 하기 때문이다. 즉, 중간지원 조직의 구성원들은 공무원들보다는 더 전문적이어야 할 것이며, 조직은 행정기관보다 마을에 더 가까이 다가가 있어야 하며, 마을주민들 속에 더 깊숙이 들어가 있어야 할 것이다. 그래야만 마을에서 필요한 것이 무엇인지를 더 쉽게 알 수 있을 것이기 때문이다. 즉, 어떤 마을을 만들 것인지, 어떻게 마을 만들 것인지, 무엇으로 마을을 만들 것인지, 그리고 과연 누가 마을을 만들 것인지 등에 대한 해답을 더욱 쉽게 찾을 수 있다는 것이다.
　함안군의 경우는 행정기관의 직무 단절성으로 인한 마을만들기 비전문성을 극복하기 위하여「함안군 지역공동체 활성화 지원조직 설립 운영에 관한 조례」를 제정하여 중간지원 조직의 형태와 소속 구성원의 자격요건 등을 각 조항에 구체적으로 명시하였다.

또한, 함안군 지역공동체 활성화지원센터 설립 당시에 함안군 위 조례에 명시한 주요 기능으로는 마을사업장 주민 소득창출을 지원하고, 마을리더연합회는 물론 마을사업장 주민들의 역량강화사업 실시, 함안군 발전협의회 각종 자문회의 주선, 지역공동체 활성화를 위한 각종 사업 시행, 청년 공동체 활성화 지원 등의 사무를 하도록 명시하였다.

이러한 마을만들기 중간지원 조직의 여러 가지 사무 중에서 마을사업의 기본적인 역량을 구축하기 위한 주민역량강화사업이 마을만들기 성공의 기반이 된다. 특히, 마을사업 진행 과정에 필요한 맞춤형 주민역량강화 교육은 마을사업의 취지와 목표, 마을주민들의 화합과 상호 간의 배려, 지역사회 봉사, 갈등(葛藤)의 예방 등을 위하여 마을만들기 필수과제로 이행해야 하는 교육인 만큼 마을만들기 성공의 초석이 된다.

이와 같이 마을만들기 중간지원 조직은 모든 마을사업장의 진행 과정과 형편을 파악하여 어떤 프로그램이 필요한지를 분석하고 마을전문가에게 자문하여 각 마을사업장별 맞춤형 역량강화사업이 지속적으로 진행될 수 있도록 조치해야 하는 사무가 마을만들기 성패를 좌우한다고 볼 수 있다.

아울러, 함안군 지역공동체 활성화센터의 경우에는 소속 직원들의 마을만들기에 대한 역량과 긍정적인 인식을 제고하고, 앞서 언급한 바와 같은 중간지원 조직의 마을사업장에 대한 역할을 보다 더 체계적으로 할 수 있도록 도시재생지원센터를 지역공동체 활성화센터와 병합 운영하는 것을 전면적으로 검토해 봐야 할 시기인 것으로 보인다.

❷ 적재적소의 맞춤형 역량강화 교육을 계속해서 운영해야 한다.

지역소멸에 대응하기 위한 인구 증가 요인으로 지역 주민 삶의 질을 향상시키고자 하는 마을만들기의 기본 목표를 달성하기 위해서는 마을사업을 주도적으로 시행하고 있는 주민들의 역량이 기본적으로 강화되어야 하는 가장 중요한 과제이며, 중간지원 조직이 행정기관을 대신하여 수행해야 하는 기본적인 사무이다.

첫 장에서 언급한 바와 같이 '마을만들기란 주민협의체를 기반으로 한 마을 주민이 마을사업에 주도적으로 참여하여 마을 자원 등 지역 어메니티(amenity)를 활용한 소득 창출 등을 통한 마을 발전을 추구함으로써 지역 주민 삶의 질을 향상시키고자 하는 일련의 동태적 과정을 의미한다.'라고 정의하여 그에 따른 주민역량 강화를 어떻게 해야 할 것인지에 대하여 함안군 마을만들기 실행 사례에 기초하여 살펴보면서 바람직한 방안을 제시하고자 한다.

우선, 마을만들기는 주민협의체를 기반으로 하기 때문에 지속가능한 주민협의체를 위한 협력과 화합, 나눔과 배려, 봉사와 희생 등의 조화로운 공동체 활성화를 위한 주민역량강화 프로그램이 필요하다. 이러한 공동체 활성화는 주민협의체 내부의 주민들 사이에도 중요하지만, 추진력이 뒤떨어지는 마을사업장과 그렇지 않은 마을사업장의 상호 협력적 관계 유지 등 주민협의체 상호 간의 공동체 활성화도 매우 중요하다. 따라서 함안군의 경우에는 마을사업장 상호 간의 네트워크 활성화를 위한 마을리더연합회의 마을리더 역량강화 프로그램도 마을만들기의 성공적 실행에 매우 중요한 요인이 될 것으로 보인다.

다음은, 주민 주도적인 참여가 필요함에 따라 마을사업을 선두적으로 추진할 수 있는 주민들의 자치 역량이 중요하고, 주도적인 참여를 위한 자발적 동기부여를 촉진하는 자긍심 고취와 마을 발전에 이바지할 수 있다는 자부심을 키울 수 있는 역량강화 프로그램도 필요하다.

그리고, 성공적인 마을만들기를 위해 마을자원 등 지역 어메니티(amenity)를 활용하기 때문에 마을자원과 어메니티의 발굴과 맞춤형 개발 및 적용

방안을 강구하는 프로그램도 요구되며, 이들을 활용한 소득창출을 통한 마을경제 활성화 방안도 역량강화 내용에 필수적으로 포함되어야 할 것이다.

예를 들면, 함안의 경우 최근 유네스코 세계유산으로 지정된 말이산 고분군, 일명 K-불꽃놀이로 유명한 무진정 낙화놀이, 청보리 작약축제, 강주 해바라기축제 등을 활용하여 주민소득 창출과 연계되는 아이템을 발굴해서 마을경제 활성화를 추구하는 내용 등이 있다.

마을만들기 지속성 확보에 비용이 수반되어야 하는 만큼 주민소득창출 활성화 부분은 중요한 역할을 한다. 따라서, 마을경제 활성화에 전문적으로 접근할 필요가 있으며, 소득창출 아이템의 발굴 및 개발 방안, 주민협의체의 비영리 법인 설립과 운영 방안, 마을 공동 이익의 창출, 법인회계의 마을 공개, 창출 소득 분배 및 그 이유와 분배 방법, 시설물의 자력 유지관리 의무와 그 방안 등이 각 마을사업장별로 맞춤형으로 진행되어야 하는 필수적인 커리큘럼이라고 할 수 있다.

마을만들기 주민역량강화는 커리큘럼과 더불어 중요한 요소가 강사들의 역량이다. 지금까지 국토교통부의 도시재생사업과 농식품부 일반농산어촌 개발사업의 역량강화사업을 용역업체에서 수탁받아 시행하면서 발견된 문제점 중의 한 가지가 강사들의 역량 문제였다. 즉, 용역업체가 주선하는 강사들의 무분별 또는 부적합한 전공은 물론 강사료의 적정성 등이 제대로 검증되지 않은 채 마을에 배정된 경우가 많았고, 해당 지역의 실정을 잘 모르는 외부 강사의 섭외 강의로 실효성에도 문제점이 발생하는 등 앞으로는 개선해야 하는 과제들이 다수 있었다.

이와 유사한 사례로는 최근에 서*시의 주민역량강화사업들에 대한 대대적인 감사를 시행한 결과 특정 단체 집중 운영과 예산의 과다 사용 등 비효율적이라는 평가를 받아 역량강화사업이 거의 중단되었고 서*시 지원 조례까지 폐지된 사례가 있었다.

이와 같이 마을만들기 주민역량강화사업의 성공 여부가 중간지원 조직의 자질을 평가하는 척도인 만큼 마을만들기에서 중요한 영향요인(影響要因)이 되는 만큼 적재적소의 맞춤형 역량강화교육은 계속해서 운영되어야 한다.

3 기회의 공간을 경영할 소득창출 교육을 늘려야 한다.

전국 120여 개 시군에서 농식품부 일반농산어촌개발사업으로 시행한 마을안길이나 하천정비 등 기초생활인프라시설사업과 마을회관, 경로당 건립이나 리모델링은 주민숙원사업으로써 주민들로부터 호평과 찬사를 받았다.

이러한 도로, 하천, 경로당, 동 회관 등 예산이 많이 소요되는 주민정주생활기반시설사업을 마을사업 중앙공모를 통하여 국·도비를 확보해서 설치하였기 때문에 유지관리[52] 등에도 아무런 문제가 없을 뿐만 아니라, 오히려 열악한 시·군 재정에 많은 도움이 되었다. 따라서 중앙공모 마을사업을 확보한 대부분 마을은 주민숙원사업인 마을회관과 경로당을 리모델링하는 사업을 최우선으로 시행하였다. 즉, 마을사업 예산의 대부분이 도로, 하천 등 주민정주생활기반시설 개선과 경로당, 동 회관 등 주민공동체 활성화를 위한 시설 설치로 대단히 환영받았다.

그러나, 주민 소득창출 및 마을사업 활성화센터인 일반건축물은 그 활용도나 유지관리에 대한 지역 주민들의 호불호 문제가 논란거리가 되는 경우가 다소 발생하고 있다. 이러한 마을사업장 활성화센터와 소득 창출 등의 목적으로 건립하는 일반 건축물의 경우에는 중앙공모 심사 과정에서 감점 사유로 평가하여 건축물 건립을 지양한 것이 농림축산식품부의 기본 방침

----
52) 마을활성화센터 등 일반건축물과 달리 도로, 하천, 경로당, 동 회관 등의 기반 시설은 기본적으로 지자체의 예산으로 유지 관리하기 때문에 방치되는 사례는 전혀 없음.

이었다. 하지만 사업 공모 준비 중에 지역 주민들이 공동 출자하여 마을 법인, 비영리 법인의 설립 예정이거나 설립한 경우 등 몇 가지 기준을 충족하면 건축물 건립을 허용하여 중앙심사를 통과하는 경우가 다소 있었다.

그리고 또 다른 경우는 중앙공모를 위하여 함안군 발전협의회 자문회의 등 전문가 자문을 몇 차례 거쳐 수립한 사업 기획서인 '예비계획서'에는 마을사업장 활성화센터 등 일반건축물의 건립계획이 없었는데 공모 선정된 이후 사업 시행부서인 건설과와 한국농어촌공사가 '기본계획'을 수립하는 과정에서 수렴하는 추진위원회 위원들의 의견에 따라 소득 창출을 위한 구조물이나 건축물 건립을 추가로 계획하여 건립한 마을사업장이 몇 군데 있었다. 물론, 고액 사업장인 농촌중심지활성화사업장이나 권역단위마을사업장에서 발생한 사례이며, 주민들의 정주생활 환경개선을 위해 입안되었던 마을안길, 소하천 정비, 도시계획도로 등 기초생활반시설을 포기하고 그 예산으로 마을사업장 활성화센터 등 일반 건축물을 건립한 사례였다. 일부 주민들은 행정관청이 이러한 일반 건축물의 건립을 못 하도록 애초부터 막았어야 한다는 분들이 계시는데, 본 사안에 대하여 앞에서 사정을 설명한 바와 같이 사업 시행 구조상 불가항력이었다고 할 수 있다. 구체적인 사유를 살펴보면 중앙정부가 2004년부터 시작하여 2010년대 초반까지 중앙부처별로 앞다투어 각종 마을사업을 출시하면서 소위 마을만들기 운동이 전국적으로 일어났고, 마을이장 등 주민대표들이 너나없이 마을사업장 벤치마킹을 다녔으며, 그 당시 벤치마킹 대상으로 유행한 것이 지속가능한 소득창출을 하는 마을사업장과 마을활성화센터 등 이었다. 이러한 추세가 2012년 마을만들기를 시작한 함안군에도 그대로 이어져 벤치마킹을 다녀온 많은 마을사업 추진위원장과 위원들이 주민 소득창출에 많은 관심을 가지고 그에 따른 건축물이나 구조물 건립을 주장하였다. 이러한 주민 의견을 행정기관이 일방적으로 무시하고 주민주도형 마을사업을 공모한다는 것은 현실적으로 매우 어려운 일이었다고 할 것이다. 따라서, 만약에 행정기관에서 무리를 해서 건축물 건립을 막았었다면 주민숙원사업인 마을 안길, 마을 경관 개선, 도랑 정비, 경로당, 마을회관 등의 리모델링 등도 다 함께 포기했어야만 했을지도 모른다.

어쨌든 앞 장에서 소개한 바와 같이 대부분의 함안군 내 마을사업장은 마을회관과 경로당 리모델링, 마을안길, 소하천정비, 마을경관개선 등 주민정주생활 향상을 위한 기반시설사업들을 시행하였다.

그 외에 일반건축물을 건립한 지구 수는 2024년 시점으로 총 64개 마을사업장 중에 14개 지구가 해당하며 건축물 내에 소득창출 시설과 공간이 있고 마을사업장 관리를 위한 추진위원회 공간을 갖춘 마을활성화센터이다. 이러한 건축물을 건립한 마을사업장 유형별로는 농촌중심지활성화(기초생활거점육성) 사업장 10개 지구 중에 5곳, 권역 단위 마을사업장 8지구 모두[53], 그 외 마을(종합)단위 사업장 등 52개 지구 중 1개 지구가 일반건축물을 건립한 것으로 파악되었다.

이렇게 일반건축물을 건립한 14개 마을사업장의 마을리더에게 설문한 결과 몇 개 지구는 완공 후 아직 공식적인 개점을 하지 않았으며, 어떤 지구는 흑자 운영을 하는 사업장도 있으나, 어떤 지구는 유지관리가 부담되고 있다고 하며, 나머지 몇 개 지구는 현상유지 정도는 하고 있으나 수익창출은 어려운 것으로 파악되었다. 그리고. 현재 소득 사업을 진행하고 있는 지구의 일자리창출[54]은 1~2명 종사하는 사업장은 2개 지구, 5~7명 종사하는 지구가 3개 지구, 10명 이상 일자리 창출을 하는 마을사업장도 1개 지구가 있었다.

....

53) 농식품부 권역단위 마을사업은 애시 당초부터 주민소득창출 사업을 목적으로 계획을 수립하는 마을사업이기 때문에 함안군내 8개의 모든 사업장이 활성화센터와 소득창출 코너를 마련하여 운영하고 있다.

54) 농촌인구의 고령화로 인하여 시니어 소일거리로 간주하고 1일 3시간 이상 정기적으로 종사하는 인원으로 계산했다.

이와 같이 대부분의 마을사업장에서 소득창출 사업이 활성화되지 못하고 있는 것은 장기간에 걸쳐 코로나-19 펜데믹의 영향도 있었지만, 추진(운영)위원들의 운영상 문제와 같이 마을경제 활성화 역량이 부족한 것이 중요한 요인으로 보인다. 이러한 문제는 해당 건축물을 큰 노력 없이 손쉽게 수익을 창출되는 '복주머니'가 아니라 주민들이 수익 창출을 위한 '돈주머니'로써 기회의 공간으로 인식하고, 여러 가지 맞춤형 마을 경제 활성화 역량 강화를 통하여 경쟁력을 쌓아야 한다는 주민들의 인식이 매우 중요하다는 것이다.

따라서 마을사업장의 일반건축물 등 시설사업을 준공한 후에는 마을만들기의 지속가능성을 확보할 수 있는 마을경제 활성화를 위한 주민역량강화사업이 중요하다. 즉, 기회의 공간을 활용한 경영수익 사업의 전문교육을 확충해야 한다는 것이다. 이것은 마을만들기의 점진적인 발전을 위하여 기본적으로 필요한 예산은 물론이고 지속적인 주민 참여를 유도할 수 있는 소득창출 활동을 활성화하기 위하여 주민들의 역량이 주요 영향요인이 되기 때문이다.

이러한 마을경제 활성화 역량강화사업은 마을사업을 착수할 때부터 시작하는 것이 바람직하다. 왜냐하면 마을에 어떤 종류의 아이템이 소득창출에 도움이 될 것인지, 그에 따라 어떤 시설을 설치하고 어떤 경관을 만들 것인지 등에 대하여 마을사업 초창기부터 분석하고 결정하여 기본계획에 포함하는 것이 효과적이라는 것이다. 왜냐하면 소득창출 사업을 고려하지 않은 채로 시설사업을 설치하다가 변경하거나 또 다른 시설물을 재설치함으로써 예산을 낭비하는 사태를 사전에 방지할 수 있기 때문이다.

이와 같이 마을만들기의 지속성 확보를 위하여 시행하는 주민역량강화사업은 지속적인 모니터링이 필요하고 그 결과에 따른 문제점을 분석하고 전문가 자문을 통하여 해결 방안을 마련하여 마을사업장에 다시 접목하는 환류체계를 구축함으로써 마을사업장 주민역량이 지속적으로 업그레이드가 될 수 있도록 기반을 마련하는 것이 중간지원 조직의 중요한 설립 이유이다.

　노무현 정부에서부터 시작된 주민주도형 마을사업의 위와 같은 문제점들은 현재 전국 120여 개 시군에서 다발적으로 발생하고 있는 현상이기 때문에 최근에 제정된 관련 법령을 활용하여 중앙정부가 지자체와 긴밀한 협조 체제를 구축하여 특단의 방안을 제도적으로 구축해서 체계적으로 해결해야 할 과제라고 할 것이다.

　중앙정부가 이러한 문제점을 심각하게 받아들이고 법과 제도를 정비하여 실행하기까지 상당한 기일이 소요된다면, 그 이전에 일선 시군의 능동적이고 빠른 대처가 필요할 것으로 판단된다. 함안군의 경우는 사업기획 단계부터 건축물 건립을 지양하고 예상 문제점을 여러 차례 주지시켰기 때문에 무작정 방치되는 사례는 없으나, 앞으로 발생할 소지는 다분히 존재하고 있기 때문에 행정관청과 그 사무를 수탁한 중간지원 조직의 전문적인 기능과 역할이 필요한 것으로 보인다.

❹ 마을협력기구들이 각자 역할을 잘하도록 이끌어야 한다.

　전국 120여 개 시·군에 산재하고 있는 수십억 원 규모의 농식품부 권역단위마을사업장과 같은 소득 창출 목적의 마을사업장에서 마을법인의 설립에 대한 주민 참여 불균형 문제, 법인 운영 과정의 비공개 문제, 창출 소득의 마을 재분배의 적정성 등에 대한 문제점들이 이따금 발생하고 있는 경우가 다소 있다.[55] 그럼에도 불구하고 주민소득창출을 통한 마을경제 활성화는 지속 가능한 마을만들기를 위하여 매우 중요한 요인이라는 것은 누구도 부인할 수 없는 사실이다.

----

55)　마을법인의 사회성과 공익성에 대한 행정기관의 지도 감독이 없는 전국 대부분의 마을사업장이 겪는 문제점들이다.

이와 같이 소득창출을 위한 건축물과 마을센터의 유지관리와 수익창출 등 마을경제 활성화를 위한 각종 문제점을 해결하고 나아가 삶의 질 향상이라는 마을만들기의 목표를 달성하기 위해서는 마을만들기 중간지원 조직과 전문가협의체의 역할, 그리고 마을사업장 추진위원장들의 마을경제 활성화를 위한 상호 협력적 네트워크 관계가 매우 중요하다.

함안군 마을만들기 사례의 경우에는 '지역공동체 활성화지원센터'와 '함안군 발전협의회' 그리고 '함안군 마을리더연합회'를 들 수 있다. 지역공동체 활성화지원센터는 함안군 관내 마을사업장에서 일어나는 모든 문제점을 상시적이고 전반적으로 파악하여 관리하고 '함안군 발전협의회' 또는 인근 대학 마을전문가들에게 문제 해결 방안에 대하여 자문하고, 마을사업장별 발생한 문제점별로 맞춤형 역량강화교육을 함안군으로부터 수탁하여 시행하는 주민역량강화사업비를 적극적으로 활용하여 시행해야 한다. 또한 마을사업장들의 네트워크 형성을 위한 마을리더연합회를 활성화하도록 마을리더 역량강화교육을 실시해야 하며, 트임(T-YM)같은 마을공동 참여 사업처럼 협력적 보완 관계 및 각종 마을소득 사업 정보교환은 물론 마을리더로서 마을 주민들에 대한 리더십(leadership)을 향상시키는 교육 등이 마을경제 활성화와 마을의 지속가능한 발전에 매우 중요한 역할을 하는 것으로 관찰되었다.

이렇게 마을리더와 주민들에 대한 마을사업장별 맞춤형 마을경제 역량강화교육을 실시하여 마을주민들의 마을활성화센터와 소득창출공간을 활용한 수익창출에 대한 자신감은 물론 나아가 지속가능한 마을발전에 이바지하는 자긍심을 고취함으로써 더욱더 활기찬 마을을 만드는 것도 시설사업으로 정주생활환경을 개선하는 것과 마찬가지로 지역 주민 삶의 질을 향상시키는 중요한 요소가 되는 것이다.

이와 같은 일련의 과정들은 지역소멸 위기에 대응하기 위한 마을만들기의 성공적 추진을 위해 시·군과 그 사무를 수탁한 중간지원 조직이 중점적으로 추진해야 하는 당면한 주요 과제라고 할 것이다.

🏠 4. 마을만들기는 지속되어야 한다

지역소멸 위기에 대응하기 위한 지속 가능한 마을만들기를 위해서 필요한 제반 사항들을 살펴보았는데 이들을 요약 정리해 보면 다음과 같다.

먼저, 마을만들기를 위한 지역 주민들의 자치 역량이 강화되어야 한다. 마을사업에 자발적으로 참여하여 자기 마을을 스스로 힘으로 발전시키고자 하는 적극적인 열망이 있어야 할 것이며, 마을사업에 다 함께 참여하는 이웃들과 화합과 협동하고, 이해와 배려하며, 책임과 봉사하는 것을 기본 정신으로 하는 자세를 확립하고, 마을시설물과 공동이용 건축물 등의 유지관리를 위한 주인의식을 강화하는 것 등이 성공적인 마을만들기를 위해 함양해야 하는 가치로서 주민들의 마을만들기 역량이 된다.

다음은 마을만들기를 담당하는 부서 공무원들과 협력 기관의 구성원들이 마을주민들에 대한 긍정적 인식과 자세를 갖추어야 한다. 공무원 등의 긍정적 인식은 마을만들기 주민 상호 간의 갈등과 분쟁 속에서 한 단계 더 발전할 수 있는 동기부여가 됨은 물론 주민역량이 상승할 수 있는 계기가 된다는 긍정적인 시각을 가지는 인식의 전환이 필요하다. 즉, 실패가 성공의 어머니라는 속담처럼 실패와 성공은 동전의 양면처럼 같은 실체 속에서 상호 간에 상반되지만 서로 보완적으로 함께 존재하는 상호작용(相互作用)은 양면성(兩面性)을 가진다는 사실을 인지한다면 마을만들기의 성공 확률을 실패 확률보다 더 높아지게 할 것으로 예상할 수 있다. 결국, 주민이 없었으면 추진 주체가 없으므로 마을만들기 기반 중앙공모사업인 권역단위마을사업, 농촌중심지활성화사업 등 마을사업을 확보할 수 없었다는 것을 되새겨 보는 것도 긍정적 인식 제고에 도움이 될 것이다.

그리고, 마을만들기 관련 법규로서 조례는 마을만들기 참여자들의 역할 이행을 위한 최소한의 기준이 되는 것이며, 마을만들기 실행의 단초를 쥐고 있는 담당 공무원들의 예산집행 등 행정사무 추진의 근거가 되기 때문에 관련 조항을 세부적이고 명확하게 규정하여 만들어야 하는 것이 마을만들기 주요 영향요인라고 할 것이다. 아울러 마을만들기 실행을 위한 체계적인 전담 행정조직과 전문가협의체가 필요하며, 마을주민과 행정기관 사이에 또는 마을사업장들 사이에서 중간자 역할을 하는 마을사업 리더들의 연합체도 여러 가지 역할을 할 것으로 보인다. 또한 지역사회 속에 있는 청년들의 활동들이 마을만들기 운동의 촉진자 역할을 하는 사례가 다수 있었다.

행정기관을 대신하여 마을만들기 사무를 대행하도록 설립한 중간지원 조직은 주민들의 맞춤형 역량강화를 위한 전문적이고 체계적인 교육의 효율적인 실행을 최우선 과제로 삼아야 한다. 농식품부 권역단위마을사업과 같이 애당초부터 소득 사업을 목표로 하는 마을사업장의 건축물과 시설물들을 활용한 주민소득창출을 위한 역량강화사업의 상설적 지원체계 구축과 지속적인 운영을 위한 교두보 역할을 해야 하는 것이 중간지원 조직의 설립 목적이다. 즉, 행정기관에서 배부되는 예산으로 수탁하는 사무를 이행하는 기본적인 단순 사무는 물론이고, 마을사업장별로 당면해 있는 각종 문제점이 있다면 조속히 해결하고 권장할 내용이 있다면 발전시키는 촉진자 역할을 해야 한다.

이러한 역할을 성공적으로 수행하기 위하여 마을네트워크 조직과 전문가협의체의 지원이 매우 중요하다. 함안군의 경우 마을리더연합회와 같은 마을사업장 네트워크 조직의 협력을 통한 각종 정보교환과 역동적인 마을만들기로 외지인의 지역 방문 촉진 등 인구 유입과 생활 인구 증가를 촉진시킴으로써 마을경제 활성화에 기여하였고, 함안군 발전협의회는 마을 주민들의 맞춤형 역량강화 및 관련 커리큘럼의 발굴을 위한 전문적인 자문과 마을 현장의 직접 참여를 통한 멘토 역할 등을 하여 마을만들기 활성화에 크게 이바지한 바 있었다. 이와같이 성공적인 마을만들기를 위해서는 제시한 제반 사항들이 모두가 잘 진행되어야 하지만 마을만들기 영향요인(影響要因)들 상호 간에 연계성도 지속가능한 마을만들기를 위해 매우 중요하다고 판단된다.

II 마을만들기와 최근 정부의 움직임

1. 마을만들기에 대한 정부의 움직임

　1960년대 새마을 운동 이후에 우리나라 마을만들기 운동이 2004년경 전북 진안군에서 시작하였고, 2012년부터 함안군에서도 시작하여 실행 2년 만에 행복마을만들기 콘테스트에서 국무총리상을 수상하면서 3년 만에 대통령 연설로 찬사를 받을 만큼 급속도로 성장하여 대통령 직속 지역발전위원회와 농림축산식품부 등 중앙정부의 많은 주목을 받아 왔었고, 일반농산어촌개발사업의 성공적인 추진을 위해 마을권역 사업 등 각종 마을사업을 시행하는 함안군만의 독자적인 시행 방법이면서 필자가 중점적으로 추진한 마을공동체 주민역량강화 기반형 마을사업 실행 방법이 농식품부 일반농산어촌개발사업 추진 방향과 일치하면서 권역단위 사업외에 마을단위 사업이 탄생하였고, 사업의 목적이 정주환경개선 등 시설과 각종 기초생활인프라 중심에서 지역사회활성화 중심으로, 관주도적인 개발보다는 주민주도형 발전이 더욱 강조되었다.

　농림축산식품부 매뉴얼에 일반농산어촌개발사업의 추진 목적은 농산어촌지역주민의 소득과 기초생활수준을 높이고, 농촌의 어메니티 증진 및 계획적인 개발을 통하여 농산어촌의 인구유지 및 지역별 특화 발전을 도모하는 것으로 하여 여러 가지 농촌지역 발전사업을 발굴하여 지금까지 계속해서 추진해 왔었다.

이렇게 중앙정부가 이십여 년간 진행해 온 일반농산어촌개발사업들의 추진 과정에서 시행착오 및 축적된 노하우 등을 기반으로 하여 최근에 농촌 마을 부활에 대한 움직임이 조직변화와 법제화로 나타나고 있는 모습이다. 즉 지역소멸에 대응하여 농촌마을을 재생하고자 하는 운동이 제도적으로 구축되고 있다는 것이다.

그 주된 내용으로는 먼저 조직변화의 움직임으로써 농림축산식품부가 2023년 12월에 입안하여 2024년 초에 농촌정책국 소속에 과(課)단위로 '농촌재생 지원팀'[56]을 신설하여 농촌지역 재생업무 전반에 대한 지원 사무와 일반농산어촌개발사업을 함께 담당하도록 확대 개편하여 기존의 일반농산어촌개발사업의 활성화는 물론 농촌지역 재생을 통한 농촌의 유지 발전이라는 목적을 달성하기 위하여 노력하고 있는 모습을 엿볼 수 있다.

그리고 법제화 움직임으로써 최근 2023년에 제정하여 2024. 3. 29.부터 시행한 『농촌 공간 재구조화 및 재생지원에 관한 법률』제1조 목적에 "이 법은 농촌의 난개발과 지역소멸 위기 등에 대응하여 농촌공간의 재구조화와 재생지원에 필요한 사항을 규정함으로써 삶터 · 일터 · 쉼터로서의 농촌다움을 회복하고 국토의 균형발전에 기여하는 것을 목적으로 한다."라고 하여 농촌재생과 농촌다움의 복원을 통하여 지속적으로 거주할 수 있는 농촌을 만들어 지역소멸 위기에 대응하고자 하는 점을 강조하고 있다.

또한, 2023년에 제정하여 2024. 8. 17.부터 시행한 『농촌 지역 공동체

---

[56] 국토교통부에서 주로 사용하던 '재생'이라는 단어가 농식품부 행정 조직에 등장하기 시작하여 농식품부 농촌정책국 소속 과(課)로서 '농촌재생 지원팀'이 일반농산어촌개발사업과 농촌지역 재생지원 업무를 담당하고 있다.

기반 경제·사회 서비스 활성화에 관한 법률』제1조 목적에 "이 법은 농촌 주민 등이 자조, 자립 및 사회적 책임성을 토대로 자발적으로 농촌 경제·사회 서비스 부족 문제 등을 해결하는 데 기여할 수 있도록 지원함으로써 농촌 지역 공동체의 재생과 지속 가능한 발전을 도모함을 목적으로 한다."라고 규정하고 있어 마을공동체 기반 경제활성화와 주민주도형 지역발전을 강조하여 지역소멸 위기 대응책으로 인구 흡인 요인들의 창출을 강조하고 있다.

이와 같이 정부가 최근에 공포한 두 가지 법률은 지역소멸 위기에 처해있는 농촌지역을 유지 또는 발전시키기 위하여 주민들의 자발적 참여를 독려하고, 주민주도형으로 농촌다움을 복원하여 마을경제를 활성화시켜 일하면서 잘 살 수 있는 농촌을 만드는 것을 지원하는 법률이다.

필자가 2012년부터 추진한 함안군 마을만들기 운동을 더욱 활성화하기 위하여 '마을만들기 지원에 관한 조례'를 제정하였고, 이어서 독립된 기구로서 '미래전략기획단'을 만들어 지역소멸 위기에 대응한 농촌 마을을 재생고자 시도한 바와 같이, 현재 시점에서도 최근 제정된 위와 같은 법률에 기반하는 중앙정부 시책을 보다 더 빠르게 파악하고 정부지원 사업을 더 많이 확보하여 시행하는 것이 지역소멸 위기에 처해있는 지자체의 당면한 주요 과제라고 할 것이다.

2. 마을이 사라짐을 넘어서…

지역소멸로 마을이 사라지는 것을 막기 위하여 인구가 급속히 유출되지 않도록 하거나, 우리 지역으로 인구가 유입되도록 하는 지방정부 정책으로 마을만들기 운동을 제시하였으며, 경남 함안군의 실행사례를 바탕으로 각종 문제점이나 논제거리 등에 대하여 살펴보면서 경험론적인 관점에서 몇 가지 방안을 권장하거나 해결해야 하는 과제들을 제안해 보았다.

함안군 마을만들기 실행 사례로 이오(2-5)프로젝트, 아라농촌마을 재생사업, 마을리더연합회와 도시민 농촌투어 트임(T-YM)사업, 관학협력과 공동체 아카데미, 함안군 발전협의회 자문회의와 정기적인 워크숍, 강주해바라기 마을축제 등을 소개하였다. 하지만 마을만들기 실행 결과에 대하여 포괄적이고 개괄적으로 눈에 보이는 내용들만 다루었고. 실행 과정에서 나타난 구체적인 장단점에 대한 세부적인 분석은 하지 못한 아쉬움이 남아있다.

마을만들기 참여자들의 행태적 측면에서 공무원 등의 인식이 마을만들기의 매우 주요한 영향 요인이 되기 때문에 성공적인 마을만들기를 위하여 긍정적 인식 함양을 경험적인 분석으로 강조했으며, 구체적인 사례연구나 실천 방안들이 어떤 것들이 있는지에 대한 것들은 좀 더 많은 시간이 필요하므로 여기서는 제시하지 못하였다.

그리고 마을만들기 역량강화를 전담해야 하는 중간지원 조직의 역할과 기능이 매우 중요하고 마을만들기 성공 여부에 가장 많은 영향을 끼칠 수 있음을 강조는 하였지만, 소개한 내용을 넘어서는 역할과 기능들에 대해서는 앞으로 마을사업장 현장에서 주민들과 함께하면서 해결해야 하는 과제라고 할 수 있겠다.

주민들이 소득 창출을 하고자 하는 마을사업장의 마을경제 활성화를 위한 마을별 맞춤형 역량강화사업을 구체적으로 어떻게 실행해야 하는지, 마을 공동이용 건축물을 활용한 주민 일자리와 경영수익 창출 방안이 어떤 것들이 경쟁력이 있는지 등에 대한 해답을 찾기에는 부족했고, 오히려 마을주민들의 주인의식과 자긍심 고취, 경영 마인드 함양 등 인식과 행태의 중요성에 중점을 둔 맞춤형 역량강화사업의 중요성을 강조하였다.

함안군의 경우에는 최근 유네스코 세계유산으로 지정된 말이산 고분군과 일명 K-불꽃놀이로 유명한 무진정 낙화놀이, 청보리·작약 축제, 강주해바라기 축제 등 최근 관 주도로 일부 변형된 듯한 각종 마을 축제들과 연계한 군민 참여를 통한 주민소득창출 방안 등 마을만들기의 결정체인 마을경제 활성화를 위한 과제들을 세부적으로 접근하여 아이템을 발굴해 볼 필요도 있었고, 또한 실행사례를 집필하면서 마을사업장 현장을 직접 방문하여 구체적으로 내용을 분석하고 맞춤형 대책들을 제시함으로써 일반화할 수 있는 예시로 만들어 볼 수도 있었지만, 지금보다 훨씬 더 많은 시간과 노력을 핑계로 하여 다음 기회에 마을 현장에서 직접 뛰는 마을만들기 전문가들이 하나씩 맞춤형으로 풀어나가야 할 과제로 남겨두었다.

비록 이 한 권으로 마을만들기 사례를 모두 담지는 못하여 마을만들기를 연구하는 전문가들에게 이론적으로 많은 도움이 되지 못해 아쉽지만, 우리나라 마을만들기 연구의 역사가 그렇게 길지는 않기 때문에 마을만들기 관련 서적이 그렇게 많지 않은 점과 일본 학자이자 개방형 관료였던 다무라 아끼라(田村明)처럼 필자가 행정관청 담당 관료로서 마을만들기를 직접 실행한 사례를 활자로 남기고자 하는 것임을 위안으로 삼고자 한다.

끝으로 지역소멸로 사라져가는 마을을 지금보다 더 살기 좋은 마을로 다시 만들기 위한 지자체의 전략적 정책인 마을만들기를 성공적으로 실행할 수 있는 더 많은 미래지향적인 내용들에 대해서는 다음에 기회가 되면 추가로 살펴보는 것으로 하고 이번 글은 이쯤에서 마무리하고자 한다.

참고문헌

- 경상남도. 2015. 「제2회 행복마을만들기 경남도 콘테스트」
- 농림축산식품부. 2013. 「2013년도 일반농산어촌개발사업 추진 참고자료」
- 새마을운동함안군지회. 2020. 「새마을운동 50년사」
- 안상유. 2013. 「농촌지역 마을만들기의 주민만족도 영향 요인에 관한 연구」 경남대학교 박사학위 논문
- 이희연. 2008. 「인구이동 확장모형 개발 및 실증분석」 국토연구원
- 정원식·안상유. 2015. 「지역사회개발론(이론과 실제)」 경남대학교 강의교재
- 함안군. 2013~2018 「아라농촌마을 재생사업 현장평가 자료」
- 함안군. 2013~2018 「제1~6회 함안군 발전협의회(읍면·마을·권역) 워크숍 자료」
- 함안군. 2014. 「제1회 행복마을만들기 경남도 콘테스트 증빙자료」
- 함안군. 2015. 「제2회 행복마을만들기 콘테스트 마을만들기 설적보고서」
- 함안군. 2015. 「15~19 함안군 지역역량강화 프로그램 기본계획」
- 함안군. 2016. 「일반농산어촌개발사업 주민만족도 조사 결과 보고서」
- 함안군. 2016. 「2016년 국도비 사업 공모와 군수공약 사업 직무교육자료」
- 함안군. 2016. 「법수산권역 창조적마을만들기 강주해바라기축제 평가 및 발전방안에 관한 컨설팅」
- 함안군. 2018. 「함안군 시군창의(도농한마음그린투어)지역역량강화사업」
- 함안군. 2020. 「(사)함안군 지역공동체 활성화 지원센터 창립총회 및 관련회의 자료」
- 함안군. 2021. 「함안군 지역발전사업 현황」
- 함안군 마을리더연합회. 2018. 「함안군 마을만들기 발전을 위한 간담회」
- 행정자치부. 2015. 「공동체 활성화를 위한 길라잡이」
- 함안군 내부자료
- 국가법령정보센터. https://www.law.go.kr/
- KOSIS 국가통계포털. https://kosis.kr/